Unergründlich
tief wie das Meer

108 Begegnungen

G. Reichel Verlag

Titelbild: Aquarell von Shri Babaji

4. Auflage 1992

(c) Copyright by
G. Reichel Verlag
Reifenberg 36
8551 Weilersbach

Druck: Peter Drewitzki, Erlangen

ISBN 3-926388-22-6

Inhaltsverzeichnis

**Dein Herz ist mein Tempel
Halte meinen Tempel rein!**

Babaji, 1980

In den unzugänglichen Höhlen und Erdspalten des Himalaya meditieren seit Jahrtausenden göttliche Wesen, Yogis und Heilige in tiefer Versenkung und lenken die Geschicke der Menschheit. In einer Höhle am Fuße des Kailashberges wurde Babaji 1970 im Zustand des Samadhi gefunden und als Mahavatar, zeitlose, göttliche Inkarnation, erkannt. Alte Überlieferungen, Voraussagen und Berichte von Schülern, sowie Träume und Visionen kündigten sein Kommen an.

Babaji lehrte von 1970-1984 und rief Schüler aus allen Kontinenten zu sich. Wer er war, wie und wo er lehrte und lebte, versuchen die folgenden Erlebnisberichte aufzuzeigen. Sie lassen ihn vor unseren Augen lebendig werden. Erwecke auch Du ihn in Deinem Herzen.

Vorwort

Diese Sammlung von Erlebnisberichten über die Meister-Schüler Begegnung sind Zeugnisse von Grenzerfahrungen des Bewußtseins.

Dem Suchenden auf dem Weg verdeutlichen sie Erfahrungsmomente der Auseinandersetzung mit der Kraft, die durch das Labyrinth der Seele führend, die vielschichtige Emotionsskala zwischen Furcht und Vertrauen, von extremen physischen und geistigen Zuständen aufleuchten läßt und sie im Lichte des Seins verwandelt:

"Ich bin gekommen, um euch allen Erlösung zu bringen, ich bin gekommen, um das Licht zu bringen."

Mit dieser Aussage wies Babaji, der Meister aus dem Himalaya, auf das Licht der Transzendenz hin, in dem alle Gegensätze zusammenfallen. Dieses Licht wird erfahren als das Überwältigende-Unerwartete, gleichzeitig aber auch als das schon immer Gewußte, Vergessene und schließlich wiedererkannt als das eigentliche Sein.

Der äußere Meister, dessen Ruf den Suchenden erreicht, verkörpert den noch unbekannten Gott des eigenen Inneren, der ihm das Echte, das Ursprüngliche vermittelt, indem er ihm den eigenen Wesenskern erschließt.

Dabei ist der Meister, dessen Sein ganz frei von Überlagerungen der Affekte, Bedürfnisse und Projektionen ist, in der Vielschichtigkeit und Vieldeutigkeit seines Verhaltens untrüglicher Spiegel des jeweiligen eigenen Zustandes. Sobald dem Schüler aber das Wesentliche zur Seinserfahrung wird, verschmilzt er als der Erlebende mit dem Erlebnis selbst und mit dem Meister als Medium für die Erfahrung, denn sie werden in seinem Bewußtsein eins. Die Spannung zwischen Subjekt und Objekt, zwischen Innen und Außen, zwischen Meister und Schüler ist aufgehoben in dem Licht der alles durchströmenden Energie.

Durch die Gegenwart des Meisters dient jede beliebige Situation der Vermittlung dieser Einheitserfahrung. Anfänglich sind es nur kurze Momente, die sich dann über längere Zeit hinweg zu einem als ganz neu erfahrenen Zustand verdichten, hat sich der innere Frieden erst einmal vertieft.

Dies ist meist ein längerer, immer aber ein als schwierig emfpundener Prozeß, in dem das Gegensätzliche vom Meister bewußt ausgespielt wird, bis der Lernende begreift, seine Widerstände aufzugeben.

Grundpfeiler seiner Didaktik waren für Babaji das Gebet und die Arbeit als Dienst an der Schöpfung. Über beides sagte er:

"Der Name Gottes ist himmliches Ambrosia. Betet ihn ohne Unterlaß. OM NAMAH SHIVAY ist das große Gebet des Weltanfangs, das Gott der Menschheit gegeben hat. Jeder sollte es wiederholen. Jeder kann es empfangen, und alles kann durch dieses Gebet erreicht werden."

"Das Gesetz des karma steht über allem Leben. Karma beginnt, wenn im Geiste Bewegung ist. Um das karma zu überwinden, muß der Geist zur Ruhe kommen, zum Zustand der Leere, wo die Gotteserfahrung beginnt. Der Mensch schafft karma, solange er atmet, denn niemand ist jenseits der Bewegung, nicht eine Sekunde lang. Lerne deshalb, jede deiner Handlungen Gott zu weihen."

Babaji wurde nie müde, auf das Beten ohne Unterlaß hinzuweisen, das er verbunden wissen wollte mit selbstlosem Handeln als d e m Weg zur Freiheit. Die Freiheit, die er meinte, war des Freiwerden von Bindungen an die niedere menschliche Natur, durch die Loslösung von allem, was man "ich" und "mein" nennt, hin zum reinen Sein, wo der Mensch, getragen allein vom Glauben, frei von Wünschen, Vorstellungen und Bedürfnissen ist. Babaji verkörperte dieses reine Sein.

Das Modell einer neuen Welt, einer großen menschlichen Familie, die ihre Kräfte für eine gemeinsame geistige Aufgabe einsetzt, ist sein Ashram in Haidakhan, im Vorgebirge des Himalaya. In diesem uralten mythischen Heiligtum wurde durch Gebet und Arbeit aus einer Steinwüste fruchtbares Ackerland. Mit den primitivsten Mitteln entstanden in wenigen Jahren mehrere Tempel, Wohnungen und blühende Gärten. Der Meister selbst war Medium für die große Umwandlung, die unaufhörlich und auf allen Ebenen stattfand. Er zeigte den Weg und ging, nachdem er allen, die sich ihm öffneten, das gegeben hatte, was sie zu empfangen bereit waren:

"Ich habe euch den Weg gezeigt – jetzt ist es an euch, ihn zu verwirklichen."

Maria-Gabriele Wosien

Babaji
– Unergründlich tief wie das Meer –

... "Ich bin niemand und nichts. Dieser Körper hat keine Bedeutung. Ich bin nur der Spiegel, in dem du dich siehst. Ich bin wie Feuer, bleibe nicht zu weit weg, sonst kannst du keine Wärme verspüren. Doch komme nicht zu nahe, um dich nicht zu verbrennen. Lerne die richtige Distanz!" ...

Babaji stellte seine Person in den Hintergrund; Ehrenbezeugungen, Anerkennungen, Ablehnung bedeuteten ihm nichts. Rituelle Verehrungen seiner Schüler ließ Babaji dann zu, wenn sie einem tiefen Wunsch entsprachen. Babaji führte alle, die zu ihm kamen durch sein Wirken zur Wahrnehmung absoluter, unvergänglicher Werte, zum Wissen um die Einheit der gesamten Schöpfung. Dahin wandelte er die Herzen der Menschen, erhöhte durch Energieübertragung ihr Bewußtsein, reinigte sie und machte sie frei für eine neue geistige Dimension.

Medium der Wandlung, der Reinigung des Geistes und des Herzens waren selbstlose Arbeit, das Wiederholen des Namen Gottes, im Besonderen des Mantras OM NAMAH SHIVAY (Herr, Dein Wille geschehe) und die Arbeit mit den Elementen, dem Wasser und Feuer. Karma Yoga, Arbeit als Gottesdienst, wurde täglich ausgeführt, wobei Babaji alle Tätigkeiten selbst überwachte. In den kurzen Mußestunden wurden religiöse Schriften gelesen, Lieder zu Ehren des Schöpfers und das Mantra OM NAMAH SHIVAY gesungen.

Wasser als Symbol der körperlichen, seelischen und geistigen Reinigungs- und Erneuerungskraft in allen Religionen wurde von Babaji oft zu diesem Zweck gebraucht. In Haidakhan führte er in der Monsunzeit oftmals Schüler an der Hand durch den reißenden Gautama Fluß, was neben der Reinigung durch den heiligen Strom auch die sichere Überquerung des gefährlichen Strudels dieses Lebens mittels eines verläßlichen Führers bedeutete. Zur Verstärkung des Reinigungsprozesses ließ Babaji auch Arbeiten im Wasser ausführen. Große Steine wurden aus dem Flußbett zur Weiterverarbeitung an anderer

Stelle herausgeholt. Die Ashram-Bewohner nahmen zweimal am Tag bei Sonnenauf- und Sonnenuntergang ein Bad in den kühlen Fluten des Gautama Flusses.

Feuerzermonien erfüllten den gleichen Zweck. Jeden Morgen gegen 4.30 Uhr führte Babaji ein schon auf die vorvedischen Zeiten zurückgehendes Feuerritual aus, auch havan oder yagna genannt. Mit den Opfergaben wie Reis, Früchten, Weihrauch wird durch das Rezitieren bestimmter Mantren von den Teilnehmenden auch ihre niedere Natur mit in die lodernde Flamme gegeben. Durch seine Umwandlungskraft ist das reinigende, alles verzehrende Feuer Mittel zur Neugeburt auf höherer Ebene.

Die Schwingungen eines jeden, der mit Babaji in Kontakt kam, wurden durch ihn erhöht durch Handauflegen, beim Segnen, Schenken von Gegenständen, die er berührt oder getragen hatte – durch einen Blick, ein Wort. Einige hauchte er an, schlug ihnen mit seinem Stab auf die Wirbelsäule, brüllte sie an oder streichelte sie je nachdem wie sie am besten zu treffen waren. Durch diese gezielten Kontakte wurden die verschiedenen Energiezentren des Körpers aktiviert, die Nervenbahnen gereinigt, um sie so durchlässig für einen intensiveren Energiestrom zu machen.

Der persönliche Kontakt zu Babaji war für alle, die ihm begegneten, von grundlegender Bedeutung. Immer war er umringt von Menschen, er teilte seine Speise mit ihnen, reiste mit ihnen in Zügen, Bussen und sogar auf dem Rücksitz eines Motorrades. Babaji gab sich äußerst unkompliziert, fast wie ein Kind. Er übernachtete in den einfachsten Lehmhütten, in Villen, in Apartements, in Palästen, je nachdem wer ihn seinen Segen erbittend, zu sich eingeladen hatte. Und stets folgte ihm eine große Menschenschar.

Alles wurde dem Schüler als Teil der Schöpfung bewußt gemacht, ohne Trennung, ohne Unterschied.

Der Weg zur Befreiung ist ein schmaler Grad. Verließ ihn jemand auch nur sekundenlang, um seinen Gewohnheiten oder Ideen zu folgen, so war Babaji unerbittlich: Einen scheinbar nichtigen Grund zum Anlaß nehmend, inszinierte er den Blitz aus heiterem Himmel, schickte Schüler fort, sobald sie die Grenze der Aufnahmefähigkeit erreicht hatten oder ließ sie sich im täglichen Allerlei selbst überwinden. Babaji verlangte strengste innere und äußere Diziplin. Das kostete oft viele Tränen. Dennoch war sich jeder seines Segens gewiß.

"Wahren Schülern gebe ich abhaya dhan, den Segen meines Schutzes, durch den sie immer beschützt sind. Du solltest darum furchtlos sein. Ich bin für dich und deine Befreiung verantwortlich. Mein Schutz verläßt dich keinen Augenblick."

★

Es kam der Tag, daß ich mit meiner erwachsenen Tochter nach Haidakhan fuhr. Wir fühlten uns stark dorthin gezogen, wußten aber eigentlich nicht warum. Unterwegs nahmen wir uns felsenfest vor, Babaji nicht zu Füßen zu fallen, sie auch nicht zu berühren, so wie es in Indien Sitte ist. Das kam für uns nicht in Frage.

Kurz nach unserer Ankunft in Haidakhan sahen wir Babaji zum ersten Mal. Er kam auf einem Elefanten geritten und um ihn herum war eine große Menschenmenge. Da er uns nicht sehen sollte, und wir nicht in die Verlegenheit kommen wollten, ihm doch noch zu Füßen zu fallen, hielten wir uns ganz unauffällig im Hintergrund des Geschehens.

Aber die Ehre, die wir ihm verweigern wollten, erwies er uns! Aus der Ferne winkte er uns herüber. Ich sagte zu meiner Tochter: "Geh Du!", aber kaum hatte ich ausgesprochen, winkte er noch einmal. So sollte auch ich zu Babaji ... Und zu unserer größten Verlegenheit mußten wir beide uns zu ihm hoch auf den Elefanten setzen!

Der erste Blick in Babajis Augen war überwältigend: Ich sah mich in ihnen, ich sah mein ganzes Wesen. Das Feuer seiner Augen drang in mein Herz. Mein Kopf war leer, mein Herz voll, als ob ich ihn ewig gekannt hätte!

Wir ritten mit ihm über den Gautama Fluß, während er laut das Mantra SITA RAM sang. Er forderte uns auf, mitzusingen – ich wußte überhaupt nicht, wer Sita ist, wer Ram ist. Aber da ich die Laute verstehen konnte, sang ich mit. Ich sollte jedoch noch viel lauter singen: SITA RAM, SITA RAM, SITA RAM ...

Er unterhielt sich dann mit uns, und fragte unter anderem, woher wir kämen.

Seitdem bin ich vor ihm niedergefallen, ich habe seine Füße berührt, seine Knie. Mein Kopf war leer, mein Herz voll – ich war glücklich, ich war einfach da, und weiter fühlte ich nichts.

Er war so lieb zu uns und hat uns mit Ehren überhäuft – und wir fühlten uns dessen gar nicht wert!

Nach dem havan, als alle noch um die Feuergrube versammelt waren und meditativ in die Flammen schauten, bemerkte ich, wie Babaji sich still von der anwesenden Gruppe abwandte und allein einen Gartenpfad betrat, der von Lebensbäumen gesäumt war.

Die ersten Sonnenstrahlen der aufgehenden Sonne durchbrachen das Dunkel. Es war sonderbar still in diesem Augenblick, in dem sich die Nacht vom Tage trennte. In dieser lautlosen Stille trat Babaji hinter einen der Lebensbäume, stieg in ihn hinein und bog alle Zweige des Baumes auseinander, so daß nur noch er als Gipfel und Stamm aus dem grünen Baum ragte.

Fasziniert von diesem sonderbaren Gebaren schaute ich zu und hörte plötzlich in mir seine Worte:"Ich bin die Essenz allen Lebens ... Sieh!" Und ich schaute. Und mir war, als ob sich die Zweige vor Babaji verneigten. Ja, so war es. Wie sonst hätte er – mit nur zwei Händen – die vielen sich nach oben verjüngenden Äste niederdrücken können.

Noch während ich schaute, erwachte die Natur zu neuem überschäumenden Leben.

Eine Inderin erzählte:

Durch den ständigen Besuch von Yogis und sadhus in unserem Heim war ich ihrer überdrüssig geworden und wollte nichts mehr von ihnen wissen. Dennoch überredete mich ein Verwandter eines Tages, zu einem wie er sagte "besonderen" Yogi zu gehen, der nach Bombay gekommen war.

Als ich den Raum betrat, bemerkte ich gleich einen jungen Yogi in tiefer Meditation. Im hinteren Teil des Raumes war kein Platz mehr, so ging ich nach vorne und setzte mich in seine Nähe. Da wir von Haus aus in der Tradition der Verehrung Shivas stehen, begann ich automatisch das Mantra Om Namah Shivay zu wiederholen. Da öffnete der Yogi seine Augen. Sein Blick traf mich, und mir war, als ob Feuer aus ihnen herausströmte. Ich saß wie angewurzelt. Wie lange ich ihn so anstarrte, weiß ich nicht, es hätte eine Minute, aber auch eine Stunde sein können. Ich spürte nur, wie ich auf einmal anfing zu weinen. Normalerweise weine ich nicht, es ist unter meiner Würde ... Und die ganze Zeit schaute der Yogi auf mich. Aber auch mein Vater, meine Mutter und mein Bruder, die anwesend waren, meinten, er schaue sie an. Alle drei hatten wir die gleiche Empfindung. Dann schloß der Yogi wieder in tiefer Meditation die Augen. Fasziniert sah ich, wie die Menschen sich vor ihm verneigten. Sie kamen und gingen, und obwohl er in tiefer Meditation war, segnete er sie mit seiner rechten Hand. Diese Gesten berührten mich, es waren Shivas mudras! ... Schließlich stand der Yogi auf und zog sich in seinen Raum zurück.

"Wer ist dieser Baba? Woher kommt er?" fragte ich einige Anwesende.

"Ein Mahavatar, der Mahavatar aus Yoganandas Autobiographie!"

"Möglich wäre es schon", dachte ich. Doch blieben mir Zweifel, denn von Natur aus bin ich skeptisch veranlagt. Wir gingen nach Hause, nur um am selben Tage zurückzukehren. Babaji saß auf einer Terrasse im Mondschein. Endlich kam jemand mit einer Lampe, die sein Gesicht erhellte. Wir saßen nur zwei oder drei Meter von ihm entfernt, und ich verspürte den Wunsch, ihn zu photographieren. In Gedanken bat ich ihn um Erlaubnis, und als Antwort öffnete er seine Augen.

Anschließend sprach ich innerlich mit ihm:
"Wer du bist, das weiß ich nicht. Aber, wenn du der bist, für den die Menschen dich halten, dann zeige es mir. Nur so kann ich an dich glauben!"

Meine Augen hingen wie gebannt an seinem Gesicht, das sich auf einmal wie ein Kaleidoskop veränderte. Es wurde zu Rama, Krishna, Shiva, Buddha. Der Reihe nach sah ich all die Heiligen Indiens auf seinem Gesicht. Diese Vielfalt göttlicher Erscheinungsformen bedeuteten mir die Einfachheit des Göttlichen. Und dann ... dann sah ich Licht. Nur noch Licht ... Darauf hatte ich gewartet, denn Gott ist immer nur Licht für mich gewesen.

Während ich dem Schauspiel gebannt zusah, kniff ich mich mehrmals, um mir zu beweisen, daß ich nicht träumte oder daß er mich etwa hypnotisierte. Die Vision dauerte eine halbe Stunde, dann verblaßten die Gesichter und ich schaute wieder in das lächelnde Gesicht von Babaji. Überwältigt gestand ich ihm nun innerlich, daß ich ihn als meinen Meister angenommen hatte.

Nach meinen Studien begann ich mich für indische Philosophie und Yoga zu interessieren. Ich traf auf Menschen, die in Indien bei tibetanischen Lamas gewesen waren. Die Suche nach Wahrheit und echtem Wissen erwachte in mir und führte mich nach Indien. Nach einem bestimmten geistigen Weg oder Meister suchte ich nicht. Ich wollte aber die Wahrheit, Wahrheit als inneres Erlebnis.

Meine Reise führte mich und einige Freunde in das Himalayagebirge, in die Kleinstadt Almora. Dort wollten wir uns länger aufhalten.

Eines Tages befragte ich mein I-Ging Buch nach einem Meister. Die Antwort, die ich erhielt, war eindeutig, aber verwirrend: "Jetzt ist die Zeit gekommen, wo du deinem geistigen Meister begegnen wirst." Einen Tag später traf ich Babaji im Hause einer älteren amerikanischen Dame, die seit zwanzig Jahren in Almora lebte.

Sie erzählte mir, daß Babaji nach einem Schüler suche, der bereits in einem vergangenen Leben bei ihm gewesen war. Sie sollte deshalb alle in Almora anwesenden Ausländer einladen. Als ich dies hörte, hatte ich das Gefühl, als ob Babaji mich meinte. Und so war es, meine Intuition hatte mich nicht betrogen.

Ich wußte wenig von Babaji, bevor ich ihn traf. Die Menschen hatten mir erzählt, daß er trotz seiner Jugend sehr alt sei, weil er es vermöge, für Tausende von Jahren seine jugendliche Gestalt zu bewahren. Als ich ihm dann schließlich gegenüberstand, war ich besonders von seiner gelassenen Heiterkeit beeindruckt. Er sah außergewöhnlich friedvoll aus und in sich ruhend, und saß stundenlang wie eine Statue in tiefster Meditation. Seine Augen zeigten mir, daß er ein Wissender war.

Lang schaute ich ihn an, und fragte ihn im Geiste nach allem, was mich die Jahre über bewegt hatte. Dann bat ich ihn, mich an seinem Wissen teilhaben, mich die Wahrheit in mir selbst finden zu lassen. Als ich mich dann erhob, um zu gehen, hörte ich seine Stimme in mir sagen: "Wir werden uns wiedersehen!"

In der gleichen Nacht träumte ich von ihm. Er trat mit einigen Schülern aus einem dunklen Wald und trug einen Stab in der Hand. Als ich ihn betrachtete, verwandelte er sich in Licht und sagte: "Ich bin dein Meister!"

"Was wirst du mich lehren?"

"Ich werde dich abwaschen lehren!"

Wie gut hatte Babaji mich erkannt. Das Abwaschen von Geschirr war mir, bevor ich nach Indien kam, immer ein Greuel gewesen. Die Bedeutung seiner Antwort war, daß er mich Demut und Einfachheit lehren würde. Und wirklich! Sobald ich meinen Fuß in Babajis Ashram gesetzt hatte, mußte ich für mehr als zwei Jahre abwaschen und putzen.

★

... "Ein Mensch kann nur dann zu einem heiligen Ort kommen, wenn es eine günstige Konstellation der Planeten in seinem Leben gibt, wenn sein Leben an einem Wendepunkt angelangt ist, und das Gesetz von Ursache und Wirkung nachzulas-

sen beginnt. Dann fühlt er sich ganz von selbst von heiligen Orten angezogen ...“

Es war an meinem ersten Tag in Haidakhan. Unter äußerster Anstrengung hatte ich es erreicht. Alles war noch neu und fremd für mich, die Eindrücke stürmten auf mich ein.

Babaji winkte einige Europäer aus der Menschenmenge heraus, mich eingeschlossen, und ging mit uns in einen Raum, etwas abseits der Menge.

Nachdem er eine Weile mit den anderen gesprochen hatte, wandte er sich mir zu. "Wo warst du noch?", ließ er übersetzen. "Im Aurobindo Ashram in Pondicherry", antwortete ich. Direkt fragte Babaji: "Gefiel es dir dort?"

Es war der erste Ort in Indien, der mir überhaupt gefallen hatte und so antwortete ich wahrheitsgetreu: "Ja".

"Go where you like!" (Geh wohin es dir gefällt!) donnerte Babaji mich an, und ich war wirklich wie vom Donner gerührt. Gedanken fingen an zu rasen: "Gehen, jetzt wohin? Unmöglich! Es ist schon zu spät, und ich kann keinen Fuß mehr vor den anderen setzen. Aber bleiben darf ich nicht ... kann nicht gehen ... darf nicht bleiben.."

Dann ließ Babaji mich auch noch fragen: "Was sagst du dazu?" Mir stürzten nur noch die Tränen aus den Augen.

Einige Augenblicke später hängte mir Babaji blitzschnell die Mala, die er bis dahin getragen hatte, um den Hals und legte mir segnend seine Hand auf den Kopf.

Erst viel später begriff ich diesen Satz. Nicht: GEH wohin es dir gefällt oder wohin du willst, sondern: Geh wohin DU willst oder: Folge deinem Inneren, folge der inneren Wahrheit. Und der Donner in der Stimme ist die Kraft dazu, die Kraft alle Hindernisse auf dem Weg ins Innere zu überwinden. Dieser Satz war die Zusammenfassung der Schulung, die folgen sollte.

★

Ein junger Mann fragte Babaji, ob er heiraten könne. "Warum?", forschte Babaji. "Weil ich so alleine bin!" Daraufhin entgegnete Babaji: "Wie kannst du sagen, du seiest alleine? ICH BIN MIT JEDEM ATEMZUG BEI DIR!"

★

Babaji hatte mich beauftragt, einen Hut für ihn zu häkeln. Als ich ihm den fertigen Hut brachte, nahm er einen zweiten, steckte beide Hüte sorgfältig ineinander, und zeigte mir genau, wie ich sie zusammenhäkeln sollte. Dann schaute er mich intensiv an und sagte: "Mach aus zwei einen. Verstehst du?"

Etwas später begriff ich: Den menschlichen Eigenwillen mit dem göttlichen Willen einen, um so zur Einheit mit Gott zu werden.

★

Durch eine Bekannte fiel mir das Fischer-Taschenbuch "Botschaft vom Himalaya" in die Hände. "Das ist göttliche Fügung", dachte ich "die es zu nützen gilt." Jahrzehntelang hatte ich mich bemüht, einen Weg zu finden hin zur Gottnäherung. Dieser Hinweis könnte mir jetzt zur gnadenvolle Hilfe werden.

Dann war es soweit, daß ich nach Indien fahren konnte. Damals hatten mich viele gewarnt, denn siebzigjährig und gehbehindert, das könnte nicht gut ausgehen, weil dieses Abenteuer mit großen Strapazen verbunden wäre. Ich aber ließ mich nicht abschrecken, und sagte mir, ein leicht zu erreichendes Ziel paßt nicht zu meiner Vorstellung der großen Erwartung "Babaji"!

Die Anstrengung war wirklich groß und die Reise sehr ermüdend. Glücklicherweise konnte ich den schwierigen Teil des Weges im Flußtal auf einem Pferderücken zurücklegen. Endlich sah ich die 108 Stufen, die zum Ashram hochführten, vor mir. Wie sollte ich sie erklimmen? Bevor ich dieses Wagnis unternehmen wollte, badete ich zunächst im Gautama Fluß und ruhte mich dabei auf den umherliegenden Steinen aus. Dann machte ich mich auf den Weg.

Mühsam, mich auf meinen Stock stützend, begann ich die Treppen zu ersteigen. Nach kurzer Zeit schon mußte ich eine Ruhepause einlegen ... und dann wieder eine. Während ich auf einer Stufe saß, blickte ich in das unter mir liegende Tal hinab, durch das der Fluß in vielen Windungen floß und auf die herrlichen Berge rundum. Tief atmete ich die reine Luft ein und genoß die Ruhe und den Frieden. Plötzlich meinte ich, hinter mir ein leises Geräusch zu hören. Ich drehte mich um und sah jemanden leichtfüßig die Treppe herabkommen. Das mußte Babaji sein! Mich aufrichtend schmiß ich meinen Stock fort, überwand zwei der Stufen und warf mich ihm zu Füßen. Dann spürte ich seine Hände auf meinem Kopf und ein Energiestrom von noch nie erlebter Intensität durchzog prickelnd meinen Körper. Welche Glückseligkeit! Dann faßte Babaji meinen Arm, zog mich hoch, nahm eine Mala (Gebetskette) von seinem Hals und legte sie mir um. Nie werde ich seine strahlenden Augen vergessen, die voller Liebe mir sein ganzes Sein offenbarten!

Die Sehnsucht, einem großen Meister zu begegnen, war in mir durch vielseitige Literatur und durch Meditationen erwacht. Zwei dieser hohen Wesen, Babaji und Sai Baba, der öffentliche Wunder vollbrachte, interessierten mich besonders. Von beiden hatte ich gelesen, aber wen sollte ich aufsuchen? Dann erfuhr ich von einem Babaji Ashram ganz in der Nähe und bei einem Besuch dort hörte ich viele Geschichten von Menschen, die schon des öfteren in Haidakhan gewesen waren. Glücklich, aber verwirrt fuhr ich nach Hause. Wohin sollte ich nun fahren? Zu Sai Baba oder Babaji? Andererseits faszinierten mich aber auch die großen Wunder des Sai Baba.

In der folgenden Nacht nahm Babaji mir die Entscheidung ab. Mir träumte, ich sei in Haidakhan und Babaji erwartete mich schon. Er breitete seine Arme aus, um mich zu empfangen. Zu meinem großen Erstaunen trug Babaji die Haartracht von Sai Baba. Babaji umarmte mich liebevoll, und ich fühlte beglückt, daß ich heimgekehrt war. Ich war bei meinem Vater. Glücklich erwachte ich. Nun wußte ich, daß mein Meister Babaji sein würde, zeigte er mir doch durch das Wunder dieses Traumes, daß er ebensolche Wunder vollbrachte wie Sai Baba.

Vier Wochen später sah ich dann Babaji in Haidakhan zum ersten Mal, und Wunder – innere Wunder der Verwandlung – waren mir inzwischen genug zuteil geworden.

✱

Ich erlebte eines Tages einen ausgelassenen, munteren Baba. Als ich mich tief vor Babaji verneigte, stülpte er mir eine Plastiktüte über den Kopf, neigte sich vor und rief mir zweimal "buh ... buh" ... in mein Ohr und schüttelte sich vor Lachen ... Und dann erinnerte ich mich daran, daß "buh" ein Sanskrit-Wort ist und "Erde" bedeutet, also in der Materie Erde befangen zu sein – aus Babajis Sicht ein lustiges Schauspiel, was wir so ernst nehmen.

✱

Beim ersten Besuch in Haidakhan sah ich Abend für Abend liebend gern dem Schauspiel zu, wie Babaji zum Bade geleitet wurde. Jedes Mal nahm ich voller Erwartung auf einer Bank im Ashram Platz. Von dort aus überblickte ich das ganze Tal, auf der gegenüberliegenden Seite die Tempelanlage und davor den Gautama Fluß.

Die Sonne näherte sich dem Untergang. Babaji ging mit einer kleinen Anzahl seiner devotees, in der Hand einen Stab haltend, die Treppe hinunter und wanderte zum Fluß.

Die malerische kleine Gesellschaft in ihren leuchtend bunten Gewändern inspirierte mich immer wieder zu der Vision: "Dort geht Christus mit seinen Jüngern!" In meiner Kindheit hatte ich eine ähnliche Szene in einem religiösen Buch gesehen, wie sie sich nun vor meinen Augen abspielte.

Eines Tages waren wir alle um Babaji zum darshan versammelt, als ihm ein Schüler einige Photos schenkte. Baba sah sie liebevoll der Reihe nach an und verschenkte sie dann weiter. Zu meiner großen Freude bekam ich auch eines: Babaji, der mit einer kleinen Schülerschar im Abendsonnenschein durch das Tal wanderte – genau die Szene, die ich so liebte!

Zur Freude kam nun ein Schrecken. "Wie ist das möglich? Wer ist dieser Babaji?", fragte ich mich da zum ersten Mal, denn seine Allwissenheit betraf mich immer mehr.

Im Laufe der Zeit lehrte mich die Erfahrung, daß Babaji die absolute Allwissenheit und Liebe verkörpert, und daß er uns voller Liebe in die Liebe, in die Einheit mit Gott, führen wird.

★

... Liebe mich mehr und mehr, so wie ich dich unermesslich liebe, immer geliebt habe und dich immer lieben werde.

Zweifle nie an meiner Liebe, auch nicht, wenn ich dir Prüfungen sende, innere und äußere, denn alles ist nur zu deinem Besten und deinem inneren Wachstum.

Immer, wenn du innerlich zu mir kommst, stehe ich schon mit geöffneten Armen da und warte auf dich, um dich an mein Herz zu ziehen.

Sei immer zu allem bereit und mein Segen wird kein Ende haben ...

★

Meine früheren Englischkenntnisse aus der Schule hatte ich vergessen. Wollte ich Babaji irgendetwas sagen, dachte ich nur lautlos in mich hinein und sah zugleich ihn an. Dann hob er den Kopf, strahlte mich aus seinen Augen an, und machte eine Handbewegung. Immer kannte ich dann seine Antwort ... Es kam auch vor, daß er lächelnd ein deutsches Wort sagte.

★

Babaji bekam vieles geschenkt. Einiges behielt er länger, anderes verschenkte er nach kurzer Zeit. Es kam wohl darauf an, welche Gefühle in die Geschenke hineingelegt worden waren.

Einmal hatte ich mit viel Mühe einen kleinen Teppich für Babaji geknüpft und ihn meiner Tochter mit nach Indien gegeben. Dieser Teppich muß wohl unter der großen Anzahl von Geschenken untergetaucht sein, denn er war nicht mehr zu sehen. – Zwei Jahre später durfte ich mit nach Chilianaula fahren, einem Babaji-Ashram höher im Himalaya Gebirge gelegen, und sah, wie dort für Babaji, der erwartet wurde, ein Sitz bereitet wurde. Ich traute meinen Augen kaum, denn mein kleiner Teppich lag oben drauf. Meine Freude darüber war unendlich groß.

Während des abendlichen Aarti Singens bemerkte ich plötzlich, wie sich Babajis Augen konzentriert nach draußen richteten in die Nacht. Ich folgte diesem Blick, konnte aber wegen der Schwärze des Abends im ersten Augenblick nichts erkennen. Dann aber sah ich, wie oben, neben dem Küchengebäude, ein Hundekopf erschien. Nun kam der alte Hund ganz zum Vorschein, sprang über alle Stufen hinweg, lief schnell am Tempel vorbei, zwang sich durch die sitzenden Menschen, stieg einige Stufen zu Babajis Sitz empor und schaute ihn unbeweglich an ... Dieser kraulte ihn, streichelte liebevoll seinen Rücken, dann machte er eine Handbewegung und sofort verschwand der Hund wieder.

Es war nicht das einzige Mal, daß ich bemerkte, wie Babaji mit Tieren telepathisch kommunizierte.

Bei meinem zweiten Besuch in Haidakhan saß ich allein mit Babaji auf der anderen Flußtalseite. Babaji hatte auf den Stufen, die zu den neun Tempeln führen, Platz genommen und mir bedeutet, mich zu seinen Füßen zu setzen. Es war das erste Mal, daß wir so ganz allein beisammen saßen. Die Stille, der Frieden, der ihn umgab, die ganze Atmosphäre der Tempelanlage und das wunderschöne Flußtal hoben mich in eine andere Bewußtseinsphäre. So sagte ich innerlich spontan zu Babaji: "Ich habe Vertrauen zu Dir!" Kaum hatte ich diesen Gedanken formuliert, da drehte er mir sein ebenmäßiges, wunderschönes Antlitz zu und schaute mich aus unergründlichen Augen an. "Ja", wiederholte ich, "unerschütterliches Vertrauen habe ich zu Dir!"

Ohne Regung seinerseits schien ich zu erwachen und bemerkte zu meiner Bestürzung, daß ich all die Zeit, ohne es zu wissen, auf seinem Fuß gesessen hatte. Und kaum war diese Wahrnehmung in mir aufgeblitzt, als Babaji auch schon seine Zehen unter mir bewegte und mir damit – und zu meinem Erstaunen und meiner außerordentlichen Verwunderung – anzeigte, wie sehr er nicht nur sein unmittelbares Gegenüber, sondern die ganze Umwelt wahrnahm, und mit ihr eins war.

★

Die größte Veränderung in meinem Leben bewirkte Babaji dadurch, daß er mir das Herzchakra öffnete und mich erfahren ließ, was göttliche allumfassende Liebe ist. Dieses Erlebnis widerfuhr mir spontan, wie aus heiterem Himmel:

Wir waren auf Reisen und ruhten uns aus. In meinem Zimmer wohnte noch eine ältere Dame. Sie war durch eine Magenverstimmung ziemlich geschwächt und weinte, weil sie gerade eine Lektion von Babaji erteilt bekommen hatte, die sie sehr mitnahm. Mitleidsvoll nahm ich sie in meine Arme ... und da passierte es! Eine Liebe größten Ausmaßes jenseits aller Worte durchfuhr mich. Ich löste mich in ihr auf, ich war nicht mehr vorhanden; unbeschreiblich, unendlich war das Glücksgefühl. Ich war jenseits von Zeit und Raum. Es war und gab nur noch diese Liebe. Alles war in ihr enthalten!

Dann drang ein erster flüchtiger Gedanke in mich: "Was tust du?" Und langsam und stetig nahm ich meinen Körper wieder wahr. "Ich trank aus Dir!", sagte die ältere Dame, die bis dahin still und ohne sich zu regen in meinen Armen geruht hatte. Intuitiv hatte sie das Vorgefallene wahrgenommen.

✴

… wer in Liebe zu mir kommt, dem werde ich eine Liebe, eine nie geahnte Liebe zeigen! …

✴

Babaji spielte gern mit Kindern. Eines Tages sagte er scherzhaft im Garten zu einem fünfjährigen Jungen: "Schau mal, die Hündin dort, sie ist deine Frau! Was sagst du dazu?" "Ich möchte den Hund nicht zur Frau!" "Ja, warum denn nicht?" "Ich mag keine Frau mit einem Schwanz und vier Beinen!"

✴

Wir saßen abends in der Kirtanhalle und sangen. Eine Petroleumlampe, die von der Decke hing, erleuchtete den Raum. Babaji war zum darshan gekommen.

Inmitten der Menge saß auch der kranke junge Inder, der mich am Morgen an meinem Arbeitsplatz in der Klinik aufgesucht hatte. Irgendwie hatte ich ein starkes Mitgefühl für ihn und freute mich zu hören, daß Babaji ihn am Nachmittag neu eingekleidet hatte und ihm anbot, im Ashram leben zu dürfen.

Als ich mich dann beim darshan vor Babaji verneigte, bat ich ihn innerlich um seinen ganz besonderen Segen für den Kranken. Bald darauf sah ich, wie der Inder sich vor Babaji verneigte, der besonders liebevoll zu ihm war und ihm durch Handauflegen seine shakti (Energie) übertrug. Babaji wirkte dabei auf mich wie die Göttliche Mutter.

Als Babaji das darshan beendet hatte, ging er auf dem Wege nach draußen nochmals zu dem Kranken und segnete ihn.

Diese Fürsorge berührte so sehr mein Herz, daß ich impulsiv zu ihm hinlief, mich vor ihm verneigte, ihm für seine Liebe dankte und innerlich zu ihm sagte: "Du bist wirklich die Göttliche Mutter!" Als ich mich wieder aufrichtete, baumelte gerade über mir die brennende Petroleumlampe. Babaji zeigte mit seiner Hand auf die brennende Flamme und sagte dabei: "No fire, no fire, FIRE!" (Kein Feuer, kein Feuer, sondern FEUER). Dann schaute er mich freundlich an und ging.

Intuitiv verstand ich, daß Babaji nicht das Feuer meinte, sondern die göttliche Energie selbst, die allem Stofflichen und Feinstofflichen innewohnt und daß Babaji sie verkörpert. Durch diese Erkenntnis ist er mir ständig gegenwärtig: in der Energie aller Menschen, Tiere, Pflanzen, in der Energie aller Gefühle, Worte, Taten und Ereignisse.

★

Über Babajis Wortspiele in einer fremden Sprache konnte man sich nur wundern. Die folgende Geschichte ist nicht nur humorvoll, sondern lehrte mich, daß nach dem Tode die menschliche Hülle ein nutzloses Überbleibsel ist, womit man kein Aufsehen machen soll.

Unterhalb des Ashrams in Haidakhan gibt es am Fluß eine Stelle, an der die Einwohner des kleinen Dörfchens nach indischer Sitte ihre Toten verbrennen. Während der Holzstoß errichtet wird, liegt die Leiche bereit auf einer Plane zur Übergabe an das reinigende Feuer in unmittelbarer Nähe.

Viele der Ashram Bewohner hatten an diesem Tag in der Nähe der Verbrennungsstelle große Flußsteine zur Befestigung des Flußufers einzusammeln. Die emsige Geschäftigkeit, die rund um die Toten stattfand, störte mich. Ich fand sie pietätlos und ging deshalb zu Babaji.

(Da die Unterhaltung in Englisch stattfand, muß ich sie zum Verständnis des Wortspieles in dieser Sprache wiedergeben.)

"Babaji, there is a corpse out there. Still work is going on there. I think the dead man should be left in peace!" (Babaji, unten liegt ein Toter. Dennoch geht die Arbeit um ihn herum weiter. Ich meine, man sollte ihn in Ruhe (peace) lassen.)

Babaji: "Yes, yes ... peace, piece ... Go and chop him to pieces!" (Ja, ja ... Frieden ... Stücke ... Geh, und hacke ihn in Stücke!" (Anmerkung: peace and piece werden im Englischen gleich ausgesprochen.)

Verwirrt lief ich die 108 Stufen hinunter zum Flußtal. Sollte ich den Toten, wie es bei den Tibetern Sitte ist, wirklich in Stücke hacken? Aber nein, Babaji hatte wohl nur gescherzt ...

★

Jeder, der morgens zum chandan in Babajis kleinen Raum kommen wollte, mußte darum um Erlaubnis bitten. So fragte auch ich: "Can I come to chandan tomorrow?" (Darf ich morgen zum chandan kommen?) Obgleich ich nicht besonders gut Englisch spreche, kam mir bei der Frage der Gedanke, daß doch "to" sich so wie "two" anhört, das zwei bedeutet. Kaum hatte ich ausgedacht, als Babaji mir lächelnd zunickte und sagte: "three-morrow!" (drei Morgende).

★

... Letzter darshan für uns. Morgen ist unsere Zeit in Haidakhan vorbei. Aus drei Tagen sind viele geworden, und immer noch möchte ich nicht weg von diesem Ort, der mir so ans Herz gewachsen ist. Ich hatte aber keine Zeit, um mich trüben Gedanken des Abschieds hinzugeben.

Wir kommen von unserem Karma Yoga, das ist die Zeit, die für Arbeit im Ashram eingeteilt ist. Schnell fertig machen zum Aarti, der gesungenen Andacht. Beim Kleiderwechsel werden meine Bekannte aus Florida und ich gebeten, bei der Vorbereitung einer Puja-Zeremonie zu helfen. Frische Blumen werden auf den gewaschenen und kunstvoll angeordneten Früchten verteilt, Anweisungen werden gegeben, wie alles dargebracht wird. Wir sind glücklich, an diesen Vorbereitungen zur Verehrung Babajis teilnehmen zu dürfen.

Dann bringen wir alles zum Tempel.

Dort sind an diesem wunderschönen Ort schon alle versammelt. Die Glocken läuten und Babaji kommt. Er strahlt eine solche Kraft aus, dennoch bewegt er sich schnell und leicht wie der Wind. Seine Schönheit ist für mich immer wieder neu überwältigend. Er nimmt auf seinem Sitz Platz – voll von Kraft, Liebe und äußerster Konzentration. Sofort bildet sich ein gleichmäßig fließender Strom von Schülern zum darshan, wie angezogen von dem Magnetismus, den Babaji ausstrahlt. Überwältigend ist diese Kraft, die alles Gleichschwingende anzieht. Ein Lächeln, eine segnende Handbewegung genügen, um die Herzen und Seelen zu füllen.

Das Singen wird lauter. Stärker werden die Schwingungen. Die erste puja beginnt. Licht wird dem Licht dargebracht, Musik füllt die Luft und löscht alle Gedanken völlig aus. Die dargebotenen und gesegneten Früchte werden als prasad verteilt, und wieder füllt der Klang der starken Musik, der Glocken, der Muschelhörner und der Trompeten die klare Nacht.

Noch eine puja. Dieses Mal zu Ehren einer Hochzeit, die morgens stattgefunden hatte. Jetzt ist die Stimmung so intensiv, so voller Stärke und Spannung, daß sie alles ausfüllt und alle Menschen zu einem machtvollen Ganzen vereint.

Babaji bittet einen seiner engsten, langjährigen Schüler ein paar Worte zu sprechen. Auch er ist von der göttlichen Kraft erfaßt und preist in Hindi die Großartigkeit der göttlichen Erscheinung Babajis in einem menschlichen Körper: wie wenig die Welt einen Mahavatar erkennt. Auch als Rama, der Held des Mahabharata, auf der Erde weilte, erkannten die Menschen nicht die Größe seiner Erscheinung.

Auf dem Höhepunkt dieses Geschehens erhebt sich Babaji und dies ist das stärkste an Erfahrung, was ich je in meinem Leben empfunden habe: die Offenbarung Babajis als die machtvolle Kraft der Schöpfung, der Urkraft.

Dieses All-Verbundensein erhielt dann Ausdruck in einer symbolischen Umarmung des Vortragenden mit einigen von Babajis Begleitern. Auch ich werde zu ihm gezogen, wie von einem inneren Zwang. Er deutet auf die Gruppe, und ich bekomme meine Abschiedsumarmung.

Noch wußte ich nicht, daß dies der irdische Abschied von Mahavatar Babaji, des avatars des Kali Yugas war.

Am nächsten Morgen leitet Babaji scheinbar unbewegt die Feuerzeremonie: Shiva, jenseits von Zeit und Raum. Abschied mit Freude im Herzen: ich werde zurückkommen.

Fünf Wochen später erreichte mich die Nachricht von Babajis Mahasamadhi. Ich war fassungslos. "Ich lebe in Allem, in der Natur und in eurem Herzen", war seine Botschaft an mich während dieser wunderbaren intensiven Zeit in Haidakhan gewesen, die mein Leben total verändert hat. Jetzt kommt die Zeit, theoretisches Wissen zu leben: "Wahrheit, Einfachheit und Liebe."

★

Einige Auszüge aus Tagebucheintragungen:

Dienstag
Ankunftstag in Haidakhan. Babaji hat mich mit "Sariju", dem Namen, den er mir gab, empfangen. Wir schauten uns tief in die Augen, dann gab er mir einen leichten Schlag auf das Herzchakra. Heute ist der erste volle Tag, den ich hier erleben darf. Gegen vier Uhr früh bin ich aufgewacht, anschließend die 108 Stufen hinunter zum Fluß zum Baden gegangen. Noch ein wenig erschöpft von der Reise, habe ich mich nochmals hingelegt. Und im Traum kam Baba, lachte und sagte: "Liebling, kalt hier!", deckte mich mit einer Decke zu und seine Augen strahlten mich an. Inzwischen war es hell geworden und Zeit, in den Tempel zu gehen.

Nach dem Singen von geistlichen Liedern habe ich mein Zimmer ausgefegt und Tee getrunken. Er wird in Gläsern ausgeschenkt, Wasser, Zucker, Milch und Gewürze tassenweise aufgekocht, durch ein Sieb gegossen und fertig!

Als ich dann zum darshan in den Tempel ging, saßen schon alle da, auch Baba war hier. Beim pranam nannte er wieder meinen Namen – Sariju. Manche Anwesende wurden zur Arbeit geschickt, Baba jedoch ließ mich von meinem Platz holen, und fragte, ob ich alleine wohne, wieviele Kinder ich hätte, ob sie noch daheim oder aus dem Elternhaus sind, was ich so täglich arbeite. Zuerst fragte er jedoch, ob ich einen

Wunsch oder ein Problem habe, was ich verneinte. Er meinte daraufhin, ich sollte in der Meditation an ihn denken und immer so glücklich und zufrieden sein. Ich habe das Empfinden, er freut sich darüber, wenn man ohne Wünsche oder Probleme ist.

Hier in Haidakhan brauche ich nicht zu arbeiten.

Mittwoch

Gestern habe ich die Geschenke für Babaji abgegeben. Heute wurde ich zu ihm gerufen, und er hat alles angeschaut und genauestens betrachtet. Er kann sich freuen wie ein Kind, dabei bekommt man immer Gegengeschenke, Nüsse, Süßigkeiten. Auch verteilt Babaji manches von den Mitbringseln gleich weiter, und immer an Leute, die diese Dinge gebrauchen können.

Der erste Eindruck im Ashram ist überwältigend, was hier nach zwei Jahren alles geleistet wurde! Der ganze Tempel wurde bis zur Spitze mit Terrazzo überzogen, auch die Säulen, der Boden und die Wege. Die Ornamente wurden mit Glasbändern abgeteilt und mit rot, grün, gelb und blau gefärbtem Terrazzo ausgefüllt. Gärten wurden angelegt mit Blumen und Gemüse. Papayas, die erst kürzlich gepflanzt wurden, trugen viele Früchte. Dann war da noch ein interessantes Gewächs: ein Baum, an dem Kürbisse wuchsen.

Überall werden Befestigungsmauern gegen den reißenden Fluß hochgezogen. Überall wird gebaut. Im Bachbett stehen Häuser, nur aus Steinen aufgesetzt, strohbedeckt oder mit Blech, die Tür eine Matte – fertig!

Bei der Höhle auf der anderen Seite, in der Babaji 1970 gefunden wurde, stehen neun Tempel, ein Teich, gemauert, zum Wasserschöpfen, ein großer Kuh- und Pferdestall, zwei Häuser zum Wohnen, dunkelrot angestrichen. Holzöfen zur Selbstversorgung stehen darin. Dies ist besonders wichtig, wenn der Fluß hoch ist, und er nicht mehr überquert werden kann.

Gestern kam hier ein Hochzeitszug vorbei mit Trommeln und Trompeten, der Bräutigam allein auf dem Pferd mit Krishnakrone und Schirm. Heute kamen sie zurück, und diesmal saß die Braut auf dem Pferd. Am Fluß unten wird ein Lastwagen entladen: einige Zentner Kokosnüsse, die dann in Säcken in

den Ashram getragen werden. Am Morgen wird eine Kara-
wane von Pferden am Berg hinaufgetrieben und nun am Abend
kommen sie beladen mit Holzstämmen zurück. Die Fesseln der
Pferde sind so zierlich, sie laufen tänzerisch, man könnte meinen, sie brechen unter der schweren Last zusammen.
Am Abend war das Aarti von mitreißender Kraft. Alle waren
voll der starken Schwingung.

Donnerstag
Heute morgen beim Aarti waren die Schwingungen wieder so
stark! Ich habe mich ganz auf Baba konzentriert. Mir schwamm
der Kopf, ich war wie in Trance ...
    Wäsche unten am Fluß. Das ist für mich immer besonders
schmerzlich. Mein verstorbener Mann ist mir hier so nahe.
Ich sah schon von weitem, daß Baba die Treppen herunter
kam. Ich ging auf ihn zu und begrüßte ihn. Er fragte mich, ob
ich nicht Tee trinken wolle, verneinte dies aber, denn ich
hatte schon welchen zu mir genommen. Dann durfte ich bei
ihm bleiben. Es war eine wunderschöne Stunde. Im Himmel
kann man auch nicht glücklicher sein. Im Gehen hängte er
sich bei mir ein, auch hat er mich manchmal an der Hand
geführt. Wie symbolisch!
    Baba hilft mir, das Christusbewußtsein wachzurufen. Wie-
der gab er mir einen leichten Schlag auf das Herz-Chakra und
auf den Scheitel. Zwischendurch gab Baba immer wieder
Anweisungen beim Bau. Er ist sehr genau und verlangt absolute Folgsamkeit und keinen Widerspruch.
    Oft sahen wir uns in die Augen, mehrmals streichelte Baba
meine Wange. Ich konnte ihm ganz meine Liebe zeigen,
obwohl Menschen drumherum waren. Ich kam mir wie ich
und du vor. Im täglichen Leben hätte ich mich nie so vor
anderen gezeigt, auch ist die Liebe zu einem Menschen nicht
so mächtig!
    In der Nacht bin ich aufgewacht und sah etwas Weißes, die
Umrisse leicht in Blau, alles wie durchscheinend, der segnende
Christus. Eine langgestreckte Figur, wie sie El Greco gemalt
hat, vergeistigt, licht.

Freitag
Morgens hatten die Einheimischen am Fluß einen großen

Scheiterhaufen aufgebaut, und eine Gruppe Menschen saßen beisammen. Wie ich dann vom Waschen und der anderen Flußtalseite zurückkam, brannte der Holzstoß lichterloh. Zuerst dachte ich, alles wäre schon vorbei, und als ich oben an der Treppe ankam, sah man noch die zwei toten Körper in einem Teppich eingewickelt. Bald darauf lagen die halbverkohlten Stämme im Wasser.

Nach dem Mittagessen ging ich auf die andere Flußseite. Dabei traf ich Baba. Er saß ganz hinten auf einem Stein und Shastriji, ein alter Hindupriester, war bei ihm. Babaji bat mich, mich zu setzen und nun durfte ich seine Füße massieren. Es gab dabei einen unglaublichen Energiestoß und einen Heilungsprozeß in meinem Körper.

Am Abend nach dem Aartisingen legte Baba beide Fußsohlen wie zwei Magnete zusammen. Sein Ausdruck war dabei abwesend, die Augen nach oben gerichtet.

Samstag

Man kommt im Garten zusammen, wenn die Sonne scheint. Baba blieb heute sehr lange da, aß Früchte und Nüsse, trank Wasser und kostete dann in kleinen Schälchen das Essen, ob es richtig gewürzt sei. Als er aufstand, schob ich meinen Hocker zur Seite. Babaji ging jedoch nicht vorbei, sondern setzte sich eine Zeit lang auf das Stühlchen. Dann legte er sich wieder unter den Schatten des Baumes.

Es kamen viele indische Gäste. Eine Frau machte puja und es wurden Gespräche geführt. Babaji ließ kleine Papierschälchen kommen. Darauf gab es geröstete Körner, die wie Reis aussahen. Dann schälte Baba drei kleine Limonen, machte Schnitze daraus, streute viel Pfeffer und Salz darauf, aß davon und verteilte den Rest an alle Anwesenden. Nun gab es nochmals Körner, es waren aber scharfe wie Pfeffer dabei und kandierte Zuckerrohrmelasse. Sie war wie ein Käselaib geformt, wurde auseinandergebrochen und als prasad gereicht. Als dann Baba ging, sagte er: "Komm", und nun sprang er mit mir eingehakt die Treppe hinunter. Alleine hätte ich dieses Tempo mit meinen über 60 Jahren nie geschafft. Ich kam mir aber vor wie mit zwanzig. Dann ging es über die Steinmauer, wo Senf angepflanzt war. Baba brach von den oberen Schößlingen ab, aß und gab auch mir davon. Es schmeckte wie Rettich. Jetzt ging es gemeinsam eine etwa 1,50 m hohe Mauer hinauf! Weiter ging es zu den Tempeln, Kühen und Pferden.

Babaji betrachtete alles, den Acker, den Garten und schaute, ob die Anordnungen befolgt wurden. Auf dem Rückweg sprach Baba mit einer am Fluß lebenden nepalesischen Familie. Die Seitenwände ihres Hauses waren teils mit Steinen vom Flußbett gebaut und teils aus harten Gräsern und Weiden geflochten, demselben Material, aus dem auch das Dach bestand. Eine Matte oder ein Tuch dient als Bett, alles spielt sich auf dem Boden ab.

Wir gingen weiter zu der Stätte, an der einige Tage zuvor zwei Menschen verbrannt worden waren. Dabei bekam ich den starken Eindruck, daß Baba diesen Seelen geholfen hatte. Er ging den Weg am Flußbett entlang zu den Teehäusern. Baba kehrte ein, kaufte Nüsse und Süßigkeiten als prasad zum Austeilen, denn wo er ist, kommen immer gleich Menschen zusammen. Er kaufte sogar Tabakwaren, kleine Zigaretten, die er an die Arbeiter austeilte. Ich dachte mir noch, die Ware wird abgewogen, dann muß sie auch bezahlt werden. Durch Zufall hatte ich meinen Geldbeutel dabei und gab ihn Baba. Ich wollte schon immer etwas spenden, und so war das die Gelegenheit.

Nun ging es zum Mittagessen. Alle warteten auf Babaji, denn es wird nicht eher angefangen, bis er den Segen erteilt. Der Tag war dann noch ausgefüllt mit Singen.

Montag, Shivatag.
Schon um 6.30 Uhr ertönten die Glocken. Rasch muß ich mich fertigmachen, das Aarti fängt an. Babaji fährt heute nach Bombay. Wir alle begleiten ihn bis zum Lastwagen. Er verteilt noch Geld an die Bedürftigen, meist 2 oder 5 Rupienscheine und macht ihnen somit eine Freude. Ich stellte mich ganz vorne hin und konnte so zum Abschied seine Hand drücken, und er gab den Druck zurück. Die meisten haben den Abschied schmerzlich empfunden. Mir tat es weh ums Herz; es tat gut, später mit den anderen über Baba zu sprechen.

Dienstag
Der Tag verlief ruhig. Ich lese ein Buch über Babaji, und es geht mir so manches auf, was verschlüsselt ist. "Du wirst

gemessen nach deine Taten!" Diese Worte kamen mir ins Gedächtnis, als ich an das Erlebnis mit dem Fels dachte, den Babaji mit seinem Unterarm maß. Warum gab mir ausgerechnet mein Sohn einen Meterstab mit? Alles hat seinen Sinn und ist vorbestimmt. Oder wie in der Bibel steht, Du wirst gewogen und zu leicht gefunden. O Gott, schenk mir Deine Liebe und Verstehen, daß Du mich aufnimmst zu Dir, mein ganzes Sein und Denken, meine ganze Sehnsucht gilt nur Dir!

Mittwoch, Neumond.
Heute ist ein Festtag: Shivratri, die heilige Nacht des Shiva. Einmal jährlich wird im Februar-März das große Shivratrifest begangen, wobei tagsüber gefastet wird, und die Nacht hindurch wachend meditiert, singend mit kultischen Handlungen im Tempel oder vor dem Hausaltar verbracht wird. Viele Inder auch mit Familien, die zum Teil schon gestern bis in die Nacht hinein gekommen sind, nehmen hieran teil. Für sie ist es wichtig, im Laufe des Tages im Fluß zu baden. Andere gehen in Gruppen auf den Kailashberg. Sie beten am Tempel und immer wieder hört man die Glocke anschlagen. Die geschmückten Frauen in den bunten Saris geben ein wunderbar-schönes Bild.

Trotz der Feiertage wird geschafft, Steine geklopft, gemauert. Hier wird 7 Tage in der Woche gearbeitet. "Arbeit ist Gottesdienst", sagte Babaji und im ganzen Ashram wird dieser Grundsatz beherzigt.

Nachmittags schlief ich kurz ein. Ich lag auf dem Rücken und beim Aufwachen sah ich vor meinem geistigen Auge Babaji. Er lächelte fein, seine Augen, Nase und Mund waren klar erkennbar. Alles andere verschwamm wie im Nebel. Auch drehte er mal sein Antlitz zur Seite. Ich konnte das Bild richtig festhalten, aber wenn man darüber nachdenkt, ist es weg und selbst durch äußerste Konzentration kann man es nicht wieder herholen. Von den Fußsohlen ausgehend, eine wohltuende Wärme, die den Körper erfaßt wie Energieströme. Es war ein schönes Erlebnis. Ich freue mich schon auf morgen. Dann fahren wir nach Vrindabhan, wo Babaji weilt.

★

Einmal reiste ich mit Babaji von Vrindabhan, dem Wirkungsort Krishnas, zum Ashram in dem nahegelegenen Madhuban. Viele Menschen aus der Umgebung waren gekommen, um seinen darshan zu erhalten. Man war auf den Ansturm vorbereitet gewesen, und die Küche hatte unerschöpfliche Mengen an Speisen gekocht. Gleich nach Babajis Ankunft wurde ihm etwas von den zubereiteten Nahrungsmitteln angeboten. Er segnete sie, und gab die Anweisung, daß alle, die mit ihm gereist waren, zuerst essen sollten und anschließend die Dörfler aus der Umgebung. Diese Anweisung wurde in der herrschenden Aufregung und in dem Getümmel überhört und nicht befolgt. Die Einheimischen drängten sich vor und nahmen die vorgesehenen Plätze ein. Als alle saßen, wurde eine schwarze Wolke am strahlend blauen, wolkenlosen Himmel sichtbar und bald ging ein heftiger Wolkenbruch nieder. Innerhalb weniger Minuten war alles in unmittelbarer Nähe durchnäßt. Babaji lief – trotz des Regens – mal hier, mal dort hin. Ich folgte ihm, und bemerkte auf einmal höchst erstaunt, daß er nicht naß wurde. Mir hingegen flossen die Regentropfen aus den Haaren. Als sich Babaji dann wieder auf seinem Sitz niederließ, hatte er nicht einen Spritzer an sich. Ich aber war von oben bis unten beschmutzt. An meinen Füßen und an meiner Kleidung klebte der Matsch.

★

Babaji war mit vielen Indern und einer kleinen Gruppe Europäern zu einem großen Tempel im Himalayagebirge unterwegs, wo eine wichtige Zeremonie stattfinden sollte.

Wir liefen etliche Kilometer zu Fuß. Die Sonne brannte, es ging viel bergauf, und der Weg wurde mir sehr schwer. Nach der Feierlichkeit traten wir den Rückweg an. Plötzlich griff Babaji mir unter die Arme und ging mit mir schneller und schneller. Ich verlor etwas die Kontrolle über den Weg, der durch seitlich steile Abhänge auch noch zeitweise recht gefährlich war. Schließlich rannte Babaji mit mir immer schneller den Berg hinunter. Ich weiß gar nicht mehr, ob ich meine Beine benutzte oder aber schwebte.

Doch das Wesentlichste, was sich in diesem Moment ereignete, wurde mir erst hinterher klar:

Am Rande meines Bewußtseins hatte ich gespeichert, daß ich mich einen Moment lang über dem Abgrund befand..... Babaji hatte mich über dem Abgrund festgehalten, wie ein Vater sein Kind, das sich in schlimmer Gefahr befindet, ohne es zu merken.

So zeigte mir Babaji, wie er mich schon oft in diesem Leben vor Abgründen bewahrt hat.

★

Es war auf einer Reise. Ich hatte mich nach dem Mittagessen in einem Haus an den einzig freien Platz, in die Nähe des Durchgangs zu anderen Zimmern, niedergelegt. Die ungewohnte Hitze, die hohen Schwingungen Babajis und die fortwährend geforderte geistige Konzentration hatten mich ermüdet.

Ich hatte wohl gerade eine viertel Stunde tief und fest geschlafen, als ich von einer Dusche kalten Wassers, die mir mitten ins Gesicht fuhr, jäh aus meinem Schlummer erwachte. Erschreckt fuhr ich hoch und erhaschte gerade noch die flüchtige Bewegung Babajis, der in dem angrenzenden Zimmer verschwand. Kaum war er verschwunden, als er vorsichtig hinter dem Türrahmen hervorlugte. Er lächelte verschmitzt und amüsierte sich offensichtlich über mein kurzes Erschrecken.

Ein Inder, der das Ganze beobachtet hatte, erzählte mir dann, Babaji sei eine ganze Weile zu meinen Füßen gestanden, habe mich betrachtet und dreimal laut gepfiffen, um mich aufzuwecken. Ich hätte jedoch nicht darauf reagiert. Schließlich habe er um ein Glas Wasser gebeten, das er mir dann schalkhaft ins Gesicht gekippt habe.

Dieser Bericht erschütterte mich innerlich, war er doch gleichsam ein Symbol für die Situation der gesamten Menschheit heute. Der Schöpfer ruft seine Geschöpfe auf ganz subtile Art. Hören sie nicht, ruft er stärker wie Babaji mit seinem Pfeifen und träumen sie noch ihren Traum der materiellen Welt, dann werden sie durch kalte Güsse im Leben zum Aufwachen gezwungen ... genau so wie er es mir symbolisch zeigte und spüren ließ.

Einige Tage später wurde ich an dieses Erlebnis nochmals durch einen Traum erinnert. Ich stand in einem dichten Menschengewühl an eine Mauer gelehnt und schaute in die Menge. Plötzlich stand Babaji vor mir – ich hatte ihn nicht kommen sehen – und fragte mit leiser Stimme: "Ist denn niemand hier, um mich zu empfangen?"

★

Für Babaji und sein Gefolge wurde in Puri eine Villa gemietet. Bei Sonnenuntergang sollten alle ein Bad im Meer nehmen. Danach war ein havan, eine rituelle Feuerzeremonie, am Strand geplant.

In Indien muß man meist viel Geduld und Zeit beim Arrangieren von Trips und Touren aufbringen. In Babajis Gegenwart aber klappte alles wie am Schnürchen. Zur rechten Zeit hielt ein großer Bus vor unserer Unterkunft, der uns zum Strand brachte.

Geschickt wurde, während Babaji und viele andere im Meer ein Bad nahmen, eine Feuergrube am Strand errichtet, Holz, Früchte, Blumen und Weihrauch wurden in größter Eile herbeigebracht, und wirklich, kurz vor Sonnenuntergang fand das havan, begleitet vom Rauschen des Meeres zum Segen aller statt. Das Bild des lodernden Feuers, die blutrote, ins Meer versinkende Sonne, die göttliche Gegenwart Babajis und die tief ins Bewußtsein dringenden Mantren, welche die Opfergaben begleiteten, werden für immer in meiner Seele lebendig bleiben.

★

Ich erinnere mich an ein Beisammensein im Herbst in Chilianaula, als beim Navratrifest der dortige Tempel des Ashrams eingeweiht wurde. Babaji saß mit einer Gruppe von Schülern unter den Bäumen vor dem Eingang des Tempelbezirks. Wie so oft verteilte er prasad. Dieses Mal waren es Gurken. In eine von ihnen biß er hinein und warf sie dann einem der Schüler zu. Neulingen war dieses Anbeißen und Weiterreichen meist etwas unangenehm, doch der Schüler machte sich nichts daraus und biß herzhaft in die saftige frische Frucht. Er kam jedoch nicht dazu, die Gurke aufzuessen, denn Babaji bedeutete ihm, sie an eine Schülerin weiterzugeben. Diese nahm das angebissene prasad offensichtlich mit sehr gemischten Gefühlen entgegen und hielt es für einen kurzen Augenblick unschlüssig in ihren Händen. Es war ein peinlicher Moment, denn die um sie Herumsitzenden starrten sie gespannt an. Babaji schaute die junge Frau lächelnd an und sagte dann laut und vernehmlich nur ein Wort: "Antiseptic!" Daraufhin konnte die Frau das prasad "annehmen", und aß die Gurke mit Genuß auf.

Alles, was aus Babajis Händen kam, war gesegnet und somit rein, "antiseptisch". Man konnte es ohne Besorgnis essen. Einmal kaufte ich ihm auf dem Markt ein Kilo Weintrauben. So wie ich sie erhielt – in einer Tüte aus Zeitungspapier verpackt, überreichte ich sie ihm beim darshan. Mir fehlte die Gelegenheit, sie zu waschen. Babaji langte in die Tüte hinein, nahm eine große Traube heraus und gab sie mir mit den Worten: "Eat!" (iß!). Normalerweise hätte ich ungewaschenes Obst in Indien nicht gegessen. Doch ich vertraute auf ihn und holte mir wirklich keine Darmerkrankung.

Sita Ram Dass aus Kalkutta, ein mit Millionen von Anhängern aus Südindien bekannter Yogi, hatte Babaji wochenlang gebeten, ihm vor seinem Ableben einen letzten darshan zu geben.

Babaji erfüllte seinen Wunsch, indem er nach Kalkutta reiste und dem Sterbendem Wasser vom Gautama Ganga, dem heiligen Fluß Haidakhans brachte, und ihm drei Tulsiblätter zu essen gab. Schweigend saßen sie anschließend eine lange Zeit zusammen. Kurz nach Babajis Besuch verschied Sita Ram Dass.

Am nächsten Morgen ließ Babaji alle wissen, daß der Geist dieses großen Yogis in seinen engsten Schüler, Sri Muniraji, eingegangen sei.

In Kalkutta war Babaji zehn Tage lang Gast bei einem gut situierten Inder, der im 10. Stock eines Hochhauses ein riesiges Apartement bewohnt. Im ersten Geschoß war eine Abteilung für Atomenergie mit einem Labor der indischen Regierung untergebracht. Während der letzten Jahre hatte Babaji immer wieder von der kommenden, allumfassenden Zerstörung gesprochen, die auch von Atombomben hervorgerufen werden würde.

Es ist sicherlich kein Zufall, daß Babaji gerade in diesem Haus zehn Tage lang ein yagna, eine Feuerzeremonie, zur Beschwichtigung der Elemente, abhielt, und in dem Labor ein Stück Uran, das von den Wissenschaftlern nur unter ganz spezifischen Schutzvorrichtungen bewegt wird, in die bloße Hand nahm und damit mehrmals den Raum durchquerte.

Als Babaji in der Millionenstadt Kalkutta weilte, lud sein Gastgeber ihn und etwa 38 Schüler zu einer Pilgerfahrt nach Puri ein. Puri ist eine der vier heiligsten Städte Indiens und liegt im Staat Orissa am Meer. Es wird gesagt, daß man aus dem Kreislauf der Wiedergeburten erlöst wird, wenn man drei Tage und drei Nächte in dieser von Pilgern überlaufenen Stadt weilt.

Wir fuhren dort zum berühmten Jagannath Tempel, der überfüllt war von Scharen von Pilgern und den mehr als sechstausend Hindus, die als Priester, Tempelwärter und Führer dort tätig sind. Es herrschte ein gewaltiges Gedränge und Geschubse. Unzählige Bettler belagerten Babaji und uns. Er

warf immer wieder händevoll Münzen in die armselige Schar.
"Maharaj", schrien sie, "Maharaj", und versuchten, sich an ihn
zu klammern.

Dem einen gab Babaji reichlich, dem anderen zögernd,
andere verscheuchte er, diesen oder jenen segnete er. Es war
offensichtlich, daß er nach uns unbekannten Kriterien handelte
... "Wer anklopft, dem wird gegeben!"

Nach zwei Tagen im Ashram – wir hatten noch nicht viel von
Babaji erfahren – wollten meine Freundin und ich wieder
abreisen. Wir warteten auf Babaji, um ihn zu fragen. Als er aus
seinem Raum heraustrat, sah er uns sehr ernst und tief an, zer-
brach schweigend eine Yamswurzel und gab jedem von uns
eine Hälfte. Auch wir sagten nichts, dann aber lachten wir
erleichtert und glücklich über die Einladung "zu essen" und zu
bleiben.

Zum Abschiedstage saß Babaji mir gegenüber am Gautama
Fluß. Er hielt mit beiden Händen seinen Wanderstab vor sich
– so, daß er genau sein Gesicht in zwei Hälften teilte. Ich sah
nur seine schwarzen Augen rechts und links vom Stab hervor-
schauen.

Tief drang dieses Bild in meine Seele. Noch heute wirkt es in
mir, denn die Symbolik dieser Geste beinhaltet alles..... auch
die scheinbare Trennung von Geist und Materie.

Zum Abschied begleitete Babaji meine Familie und mich ein
Stück entlang des Flußtales. Uns wurde schwer ums Herz. Wir

mochten uns gar nicht von ihm trennen. Irgendwo auf dem Weg blieb Babaji dann stehen, zog sich aus, und gab lächelnd jedem von uns ein Kleidungsstück ... Nur mit einem langoti, einem Lendenschurz bekleidet, kehrte er in den Ashram zurück!

Wege zum Sein

...*"Ich bin gekommen, um zu geben. Bist du bereit zu empfangen? Wenige sind es, die nach dem Eigentlichen fragen, um dessentwillen ich gekommen bin"*...

Babajis Lehren umfassten alle Bewußtseinsebenen. In seiner Gegenwart waren seine Worte nicht nur situationsbezogen, sondern sie enthielten immer einen weiterführenden Sinn, den man oft erst später verstand. Wurde ihm ein verpacktes Geschenk überreicht, so hörte man ihn sagen: "Open!" (öffne!). Mit solchen Anweisungen war nicht nur das äußere Entfernen der Verpackung gemeint, vielmehr noch sollten sie den Anstoß zur inneren Entfaltung und Öffnung geben.

Auf den feinstofflichen Ebenen lehrt Babaji seit jeher in Träumen und Visionen. Durch Materialisationen, durch die Wahrnehmung der inneren Stimme erreicht er seine Schüler, wo auch immer sie sein mögen.

Die tiefe Symbolik seiner Handlungen wird in vielen der aufgezeichneten Geschichten offenbar.

Ziel seiner Lehren war die Entfaltung und Entwicklung all derer, die ihn annahmen, gleichgültig, ob sie körperlich anwesend waren oder nicht. Die Hauptpfeiler seiner Lehre waren Wahrheit, Einfachheit und Liebe, selbstlose Arbeit und die ständige Wiederholung eines der Namen Gottes, vornehmlich das Mantra OM NAMAH SHIVAY, Herr, dein Wille geschehe.

Babaji selbst lebte diese Lehren und verlangt dies auch von seinen Schülern. Immer und immer wieder betonte er die Gleichheit aller Religionen:

"Es gibt nur eine Wahrheit ..., Gott ist Wahrheit!"

Er wohnt in jedem Herzen und kann durch bewußtes Ausschalten aller überflüssigen Gedanken im Inneren wachgerufen werden. Konzentriertes Ausgerichtetsein auf Gott durch die ständige Wiederholung eines seiner Namen führt zu einem Zustand innerer Ruhe und Leere, wo die wahre Gotteserfah-

beginnt. Tatsächlich erfuhr jeder, der nach Haidakhan kam, die Verinnerlichung des Mantras OM NAMAH SHIVAY. Es wurde in jedem Herzen zum Leben erweckt.

Viele Schüler aus dem Westen hatten anfangs im Ashram mit dem einfachen Leben große Mühe. Annehmlichkeiten wie fließendes Wasser oder elektrisches Licht gab es erst in den letzten zwei Jahren. Das Essen und die Unterkünfte im Ashram waren äußerst einfach. Babaji selbst lebte in einem kleinem 2 mal 3 Meter großen Raum, lief barfuß und ging wie alle jeden Tag die 108 Stufen hinunter zum Gautama Fluß, um sein Bad zu nehmen. Die Loslösung von der materiellen, vergänglichen Welt war speziell für den komfortgewohnten Menschen des Westen oftmals ein schwieriger Lernprozeß.

Liebe erfuhr man jeden Augenblick durch Babajis Anwesenheit, so daß sich die Unterschiede durch das Denken von "Ich" und "Mein" auflösten.

"In der Vergangenheit hatte die Menschheit es schwer, human zu sein. Um euch die Botschaft der Menschlichkeit zu bringen, habe ich mich wiederverkörpert!"

Und wirklich, in Babajis Nähe gab es keine Rassen-, Kasten- oder Religionsunterschiede. Reiche und Arme, Gebildete und Ungebildete, Babaji behandelte sie alle gleich und lehrte sie, gemeinsam in Liebe und Achtung miteinander zu leben.

Wann immer Bedürftige in den Ashram kamen, so wurden sie gespeist, neu eingekleidet, eingeladen zu bleiben und zu arbeiten. Kranke von nah und fern erhielten in dem kleinen Hospital medizinische Betreuung und Rat.

Karma Yoga, gottgeweihte Arbeit, war ein wesentlicher Bestandteil seiner Lehre. **"Arbeit reinigt Körper und Geist."** Schüler aller Nationen, Braune, Schwarze, Weiße, Mitglieder aller Gesellschaftsschichten, Brahmanen wie Unberührbare, und Menschen der verschiedensten Glaubensrichtungen, Sikhs, Christen, Hindus, Mohammedaner, auch Atheisten führten gemeinsam schwere körperliche Arbeit aus. Zu den anfallenden Karma Yoga Projekten gehörte auch die Abtragung eines Berges, dessen Fläche zur Anlegung von Gärten benötigt wurde. Auch mußten "Befestigungswälle" zum Schutze der Pflanzungen während des starken Monsunregens errichtet werden.

Babajis Gegenwart allein genügte, um durch die innere Schau

zu erfahren, wo man sich auf seinem geistigen Wege befand. Träume, tägliche Selbstüberwindung, ständige Arbeit an sich selbst, Disziplin, Anteilnahme an anderen ließen jeden innerlich wachsen und die in ihnen gelegten Samen keimen und aufgehen.

✱

...*"Das Ergebnis harter Arbeit ist Glück, und das Ergebnis von Faulheit ist Schmerz. Untätigkeit schafft die Probleme dieser Welt!"*...**

✱

Als wir in Babajis Gegenwart in den Steinen am Gautama Fluß arbeiteten, merkte ich, wie er uns beobachtete. Er war nicht einverstanden mit dem langsamen Arbeitstempo, mit der Geistesabwesenheit, mit der wir Steine schleppten. Da stand er plötzlich auf, ergriff einen riesigen Felsbrocken, der gerade vor ihm lag und warf ihn mitten ins Wasser, so daß wir alle bis auf die Haut durchnäßt waren.

Er zeigte uns damit, daß es nicht genügt, stumpfsinnig vor sich hinzuarbeiten, sondern, daß wir die Dinge, die uns anvertraut werden, mit Enthusiasmus und unter Einsatz aller Kräfte ausführen sollen.

✱

Einmal, als wir dabei waren, einen Teil des Berges in Haidakhan abzutragen, um Platz für Gärten und Ställe zu schaffen, winkte mir Babaji. Erhaben und still saß er auf einem weißen, glatten Felsen. Als ich mich ihm näherte, rief er mir zu: „Komm und iß!" und bedeutete mir mit einer Handbewegung, zu seinen Füßen Platz zu nehmen.

Verwundert vernahm ich seine Worte, denn etwas Eßbares hatte er nicht bei sich. "Komm und iß!" wiederholte er und ließ mir schweigend geistige Nahrung zukommen.

★

Durch eine schwere Darmentzündung mit ständigem Durchfall und dem damit verbundenen Zwangsfasten, denn nichts konnte ich mehr vertragen, wie auch durch psychische Widerstände war ich nach vier Wochen Aufenthalt in Haidakhan so geschwächt, daß ich meinen Körper kaum noch fortbewegen konnte. Mir wurde ständig schwarz vor Augen. Aber Babajis Worte: "Be courageous!" (habe Mut!) kamen mir immer wieder in den Sinn und gaben mir Ansporn und die Kraft, zur Arbeit ans Flußbett zu gehen. Es waren Steine über den Fluß zu tragen zur Befestigung des Ufers. Das schmutzige, braune Wasser – es war Monsun – war kniehoch.

Die Arbeitenden gingen mit den Füßen den Grund abtastend behutsam durch den Fluß, bevor sie einen Schritt über die wackligen Steine taten. Bei der starken Strömung war es außerdem schwierig, Balance zu halten. Viele von uns holten sich blutige Zehen. Aber ein Mann war dabei, der sich von alldem nicht einschüchtern ließ. Weit sprang er in den Fluß hinein und mit viel Elan und Behendigkeit war er auch schon drüben. Wenn ich es ihm nachtäte? Plötzlich hatte ich die Gewißheit, genauso energiegeladen zu sein. Und ich tat es ihm nach! Mit zwei schweren Steinen auf den Schultern war ich im schnellen Tempo durch den Fluß und auch wieder zurück. So ging es ohne Pause über einige Stunden. Ich staunte über mich selbst und war stolz auf meine Leistung. Natürlich hoffte ich, daß auch Babaji mir Anerkennung zollen würde. Aber er ignorierte mich genauso wie an den Tagen, als ich von Schwäche und von inneren Zweifeln geplagt wurde. Selbst beim Abenddarshan gab er mir kein Zeichen der Anerkennung. Ich war tief enttäuscht und ließ mich am nächsten Tag wieder kraftlos gehen.

Dann, einige Tage später, verstand ich den Sinn seines Verhaltens: er hatte mir, auch ohne nur ein Wort zu äußern gezeigt, wie ich Grenzen durch meine Vorstellungen und Gedanken selbst gesetzt, überschreiten kann, wenn ich nur Mut im Herzen fasse und ganz auf ihn vertraue:

"Die Arbeit erfüllt nicht nur einen momentanen, äußeren Sinn: sie wird euch begleiten, wo auch immer ihr hingeht. Selbst, wenn ihr euren Körper verlaßt und in ein anderes Reich eingeht, werden euch eure vollbrachten Werke begleiten. Sie werden euch von Nutzen sein. Die Samen, die ihr hier sät, werden hier wie drüben Früchte tragen. Es ist dies eine spirituelle, keine materielle Arbeit."

Bedeutsam war auch, daß wir bei dieser Arbeit durch den Fluß waten mußten. Wasser dient der inneren wie der äußeren Reinigung. Und heute weiß ich, daß wir alle, die im Flußtal arbeiteten, dank Babajis Liebe viele unserer Schwächen aus diesem oder früheren Leben bereinigten.

Im Flußtal sollte ein großer Stein ausgegraben werden. Nachdem der Stein in seinem ganzen Umfang freigelegt war, versuchten einige Männer, ihn mit Brechstangen zu heben. Doch umsonst. Nachdem mehr und mehr Sand entfernt und eine Schräge hergestellt worden war, wollten die nun im Schweiße ihres Angesichts Schaffenden den Stein durch Hebelwirkung ins Rollen bringen. Doch dieser Versuch schlug fehl. Babaji, der diese Bemühungen beobachtet hatte, kam nun herbei, legte seine Hand auf den Stein und nickte den Männern zu, weiterzumachen. Wieder setzten sie alle Kräfte ein ... der Stein kam langsam ins Rollen und konnte fortgeschafft werden. Da hörte ich Babajis Stimme in mir, die sagte: "Lebt und wirkt in Einheit, schafft den harmonischen Ausgleich im Shiva-Shakti-Sein. Fördert bewußt die Energien in euch, daß sie durch eure Hände fließen, wirkend auf vielerlei Gebieten durch euer Tun. Dieses entspricht der höheren Ordnung."

Als Babaji mich zum Karma Yoga ins Hospital schickte, wußte ich genau warum. Ich hatte Angst, mit einer ansteckenden Krankheit konfrontiert zu werden und wußte auch, daß ich es nötig hatte, Ordnung zu lernen. So mußte ich Listen anlegen, Schränke aufräumen, Medikamente sortieren, alles das, was ich in meinem Haushalt oft nur widerwillig tat.

Die Lektion, keine Angst zu haben, hat mir sehr geholfen, und die Lektion, Ordnung zu schaffen, steckt mir noch tief in den Knochen – es ist scheinbar ein altes Laster!

✶

Einmal erschienen mehrere Sikhs im Ashram, um Babajis darshan zu erhalten. Bevor sie ihm gegenübertraten, begannen sie, ihre langen Turbane von den Köpfen zu wickeln.

"Warum tut ihr das?", fragte Babaji.

"Verehrter Meister, Du bist ein Hindu, wir sind Sikhs. Wir möchten Dich in Deiner Religion nicht verletzen, wenn wir Dich verehren."

"Gott hat verschiedene Namen, dennoch ist er Eins!", antwortete Babaji und trug am nächsten Tag zur Freude der Sikhs einen Turban.

✶

...**"Alle heiligen Stätte, Kirchen und Tempel dieser Erde sind einer bestimmten Religion geweiht. Dieser Ort jedoch beschränkt sich nicht auf eine bestimmte Glaubensrichtung, sondern schließt alle ein. Haidakhan ist das einzig UNIVERSELLE Pilgerzentrum der Welt ... Jedes kleinste Teilchen dieses Ortes vermag uns Erkenntnis des Göttlichen zu vermitteln ... Alle, die herkommen, um spirituellen Nutzen zu erlangen, sollten auf jeden Fall darshan des dhuni haben. Denn über ihm**

liegt ein ganz besonderer Segen: wer dort meditiert und Gott verehrt, wird von seinen Krankheiten, physischer, seelischer und geistiger Art geheilt!"...

★

Ich bin gläubiger Moslem und kurz, bevor ich Haidakhan verließ, schenkte mir Babaji eine Mala, eine Gebetskette. Ich nahm sie, ohne ihr viel Beachtung zu schenken, denn es war nicht meine Gewohnheit, eine Mala zu tragen. Ich tat sie dann in den Koffer, und so blieb sie zu Hause ein paar Monate liegen.

Als ich in die Sommerferien fuhr, kam sie mir zufällig wieder in die Hände, und da zählte ich nach, wieviele Perlen sie wohl habe. Sie hatte tatsächlich sechsundsechzig. Sechsundsechzig ist in der arabischen Schrift die Zahl des Namen Allah. Wenn man die Buchstaben im Arabischen als Zahlwerte auffaßt, wie im Hebräischen, dann gibt das sechsundsechzig. Obwohl in Indien alle Malas entweder einhundertundacht Perlen haben oder neunundneunzig wie bei den Mohammedanern - Malas mit sechsundsechzig Perlen gibt es sonst nicht! Zudem hatte die Kette sechs Unterteilungen mit insgesamt vier Fortsätzen, das macht zusammen zehn, und die Schnur selbst, das macht elf. Elf ist im Islam die Zahl des Namen HUA. HUA heißt ER oder ES und gilt als die essentielle Wurzel des Namen Allah.

Hier zeigte sich für mich die Universalität Babajis. Auch gab er mir durch diese Mala zu verstehen, daß der islamische Weg der richtige für mich ist, denn Babaji empfahl jedem: "FOLGE DER RELIGION DEINES HERZENS!"

★

Christus ist in Dein Herz eingezogen", sagte Babaji am Weihnachtstage zu einem kleinen blonden Jungen, der auf seinem Schoße saß.

★

Als Ausländerin ließ man mich nicht den berühmten Jagannath Tempel in Puri betreten. Nur den Hindus sei der Besuch gestattet, erklärte man mir.

Wenige Stunden nach dem Tempelbesuch erschienen etliche Priester dieses Heiligtums in der Villa, die Babaji bewohnte, um ihm ihre Aufwartung zu machen. Sie hatten in ihrem Tempel gesegnete Blumengirlanden mitgebracht, und hängten sie jedem Anwesenden um. Auch mir wollten sie solch eine "Mala" um den Hals legen.

"Nein", sagte ich, "behaltet eure Ketten, ich will sie nicht!" Ihre scheinheilige Art empörte mich. Als Ausländerin hatte ich ihren Tempel nicht betreten dürfen, sollte aber ihre gesegneten Blumenketten tragen. Ein englisch sprechender Inder, der mir zur Seite saß, erklärte den erstaunten Priestern mein Argument.

Diese Unterhaltung war leise geführt worden. Obwohl Babaji in der anderen Zimmerecke gerade von anderen Schülern umlagert wurde und uns deshalb nicht hatte hören können, rief er mich zu sich.

"Setz dich!", sagte er und ließ mir sagen, daß es ihm nicht gefallen habe, wie die Menschen mich heute aus dem Tempel hinausgedrängt hätten. Liebevoll legte er mir dabei die Hand aufs Haar.

Darauf entbrannte eine heftige Diskussion über Religion zwischen den Priestern und Babajis Schülern. Sie versuchten einander lautstark zu übertönen. Endlich, als das Wortgefecht zu hitzig wurde, griff Babaji ein.

"Alle Menschen sind gleich", sagte er. "Zwar gibt es äußerliche Unterschiede, die Rassenmerkmale, dennoch sind alle Menschen eins. Sie sind Kinder desselben Schöpfers!".

Wieder erhob sich die Diskussion, die Babaji mit einer ungewöhnlichen Geste beendete:

Langsam und bedächtig nahm er mein dunkelblondes Haar in seine Hand und verknotete es mit dem pechschwarzen Haar einer Inderin. Es war, als vollziehe er eine heilige Handlung. In der darauffolgenden Stille verstand wohl jeder das Symbol dieser Geste.

..."Nach der großen Reinigung wird es ein allgemeines, weltweites Verstehen geben, eine Nation, eine Religion, die Menschheit wird eine Familie sein!"...

★

48

Ich bin seit vielen Jahren der Überzeugung, daß Babaji derselbe ist, wie derjenige, der im Alten und Neuen Testament unter dem Namen MELCHIZEDEK erscheint. Ich habe auch Babaji selbst dazu befragt, und er hat mir mit seinem Segen dazu geantwortet, also mit einer Bejahung.

Melchizedek ist der König der Welt, wörtlich heißt der Name: König der Gerechtigkeit oder auch König des Friedens. Er ist vor allem in den Paulusbriefen, im Hebräerbrief erwähnt, wo Melchizedek als derjenige beschrieben ist, der höchster Priester und zugleich König ist. Sein Priesteramt hat den gleichen Rang wie das von Christus. Im Hebräerbrief schreibt Paulus über Christus: "Du bist Prieser in Ewigkeit nach der Ordnung des Melchizedek." Melchizedek hat weder Vater noch Mutter, noch Stammbaum, wie Paulus es sagt. Das gleiche trifft auf Babaji zu und weist sehr deutlich darauf hin, daß Babaji und Melchizedek zumindest zwei Ausdrucksformen der gleichen Funktion sind, wenn nicht überhaupt ein und dasselbe.

Melchizedek ist eine der geheimnisvollsten Gestalten im Alten und Neuen Testament. Im Alten Testament erscheint er in der Begegnung mit Abraham. Dort heißt es, er bringt Abraham Brot und Wein. Also die Grundelemente der Eucharistie, und auch die Elemente, die im jüdischen Ritual ihre Bedeutung haben. Es heißt, Abraham habe ihm von allem den Zehnten gegeben, so wie das Volk den Leviten den Zehnten gab.

So wie das Priesteramt Christi in der Ordnung des Melchizedek ist, ist das Priesteramt von Mose und Aaron von der Ordnung des Abraham. Es besteht also eine Hierarchie in den Ordnungen zwischen Abraham und Melchizedek oder Moses und Christus.

Es besteht auch die Auffassung, daß Melchizedek dasselbe ist wie Manu in der hinduistischen Terminologie, also der Regent des ganzen Schöpfungszyklus oder auch der König des Dharma. Das wiederum weist in Zusammenhang mit Babaji auf seine Aussage hin, daß er gekommen sei, um das Sanatana Dharma, das ewig göttliche Gesetz, wieder aufzurichten.

So gibt es einige Hinweise auf die Identität von Babaji und Melchizedek. Das ist für mich die Brücke zwischen dem Sanatana Dharma und der jüdischen-christlichen Tradition.

✱

Eines Abends sagte Babaji zu mir: "Das, was ich in dich hineingelegt habe, wird eines Tages so aus dir hervorquellen, daß du glaubst, dies wäre auf deinem Boden gewachsen!"

✱

Mit fällt es sehr schwer, mit offiziellen, gesellschaftlichen oder bürokratischen Dingen umzugehen. Ich vernachlässige sie einfach, weil ich sie nicht für wichtig erachte.

Als ich das erste Mal zu Babaji nach Haidakhan kam, hatte ich auch prompt versäumt, mich schriftlich anzumelden. Babaji muß diesen meinen Fehler sofort in mir entdeckt haben, denn das erste, was er zu mir sagte, war, ich solle solange vor seinem Sitz stehen bleiben, bis ich ihn gefragt hätte, ob ich überhaupt in Haidakhan bleiben dürfe.

Ich war wie vor den Kopf geschlagen, und es dauerte eine Weile bis ich ihn darum um Erlaubnis bat. Er stimmte unter der Bedingung zu, daß ich mich im Büro anmelde!

✱

Nach meiner Ankunft in Haidakhan wurde ich zusammen mit mehreren Neuankömmlingen von Babaji begrüßt. Während ich ihm meine Ehrerbietung erwies, versuchte mein Verstand mit der größtmöglichen Anstrengung, nicht den Überblick über diese Begegnung zu verlieren. Als Babaji schon wieder verschwunden war, wollte ich gerade das Fazit ziehen, daß doch wohl nichts Außergewöhnliches geschehen sei, als ich plötzlich aus einer anderen Welt zu erwachen schien, von der ich gar nicht gewußt hatte, daß ich mich in ihr befunden hatte. Jetzt erinnere ich mich, daß mich eine ungeheure Kraft ergriffen und in meinem Gefühl des inneren Friedens davongetragen hatte. Während mein Verstand der kritische Beobachter gewesen war, hatte ich mich gleichzeitig in einer anderen Welt befunden und für eine kurze Zeit hatte es zwischen den beiden keine Berührungspunkte gegeben.

In meiner ersten Zeit mit Babaji begleiteten mich Intellekt und Skepsis auf Schritt und Tritt. Ohne daß ich es eigentlich wollte, beobachtete ich kritisch seine Äußerungen, Gesten, Bewegungen, Verhaltensweisen. Es war unmöglich, Babajis Aufmerksamkeit auf sich zu ziehen. Je mehr ich beobachtete, desto weniger verstand ich von allem. War ich etwa doch einem Scharlatan auf den Leim gegangen? Aber da war dieses unmißverständliche Gefühl, das mich wie ein Sog hierhin gezogen hatte. Das Gefühl, daß ich hier eine für mein Leben einmalige Chance hatte, die mir auf dieser Erde außer Babaji niemand geben konnte.

Das Gefühl der Dankbarkeit wurde immer stärker, mir wurde allmählich klar, daß ich hier nichts verstand, weil es ganz einfach nichts zu verstehen gab und gleichzeitig sah ich immer deutlicher die Fallen, die ich mir selbst gestellt hatte, und die mich daran hinderten, mich zu öffnen für das, was hier wirklich geschah.

Die Menschen hier waren so extrem! Den ganzen Tag über hatte ich mit Agressionen gegen diesen oder jenen zu kämpfen, bis mich dann die Liebe Babajis erreichte und mir zu sagen schien: "Messe dich an keinem anderen, auch du bist extrem, geh deinen Weg wie alle hier ihren Weg gehen. Dein Weg ist nicht ihr Weg und der ihre ist nicht deiner."

Und ich konnte diese Liebe so schwer annehmen. Wenn Babaji mir begegnete, bekam ich augenblicklich Magenkrämpfe, Schuldgefühle stiegen in mir auf, die mir aus diesem Leben nicht erklärlich schienen. Gleichzeitig hatte ich das Gefühl, nicht loslassen zu können, an etwas Künstlichem festzuhalten, das mir Sicherheit gab, obwohl es keinen Bestand hatte. Und Babaji schien mir jedesmal zu sagen: "Alles ist vorbei, ich habe dir längst verziehen, warum kannst du dir selbst nicht verzeihen? Laß los, deine Sicherheit ist Illusion, ich werde dir solange Sicherheit geben, bis du sie in deinem Inneren selbst gefunden hast."

Immer, wenn ich mich vor Babaji verbeugte, wurden Erinnerungen an meine Verbeugungen in den Kirchen vor vielen Jahren wach, und ich wurde ein unangenehmes Gefühl dabei nicht los. Damals waren diese Verbeugungen für mich eine Unterwerfung unter eine höhere, für mich unberechenbare Macht gewesen. Ich hatte meine Abhängigkeit von einem Gott gefühlt, den ich nur als einen Gott der Verbote, der Einschränkung und des Verzichts kannte, so daß diese Verbeugungen nur mein Gefühl der Ohnmacht und Unfähigkeit bestärkten. Da ich dieses unangenehme Gefühl nicht los wurde, unterließ ich die Verbeugungen vor Babaji schließlich, um nicht unehrlich mir selbst gegenüber zu sein. Aber auch das brachte mich nicht weiter. Babaji zeigte mir zwar weiterhin sein Wohlwollen, aber ich hatte das Gefühl, auf der Stelle zu treten.

Da half mir schließlich ein Gespräch weiter. Eine Frau sagte mir: "Vergiß alle deine hiermit verbundenen Konditionierungen, genieße es einfach, werfe dich immer wieder, so oft du kannst, vor ihm nieder und fühle, was in dir geschieht."

Beim nächsten darshan warf ich mich Babaji flach vor die Füße und jagte meinen Verstand zum Teufel. Plötzlich war nichts mehr zu spüren von diesem Gefühl der Unterwürfigkeit. Während ich ganz einfach zuließ, daß mein Ego mit all seinen Konditionierungen zum Nichts zerfloß, durchströmte mich von Babaji ausgehend ein Strom der Liebe, der mich innerlich aufbaute und mich wie eine ungeheure Kraft emporhob. Als ich mich wieder aufrichtete, streckten sich mir impulsiv Babajis bis zum Rand mit Süßigkeiten gefüllte Hände entgegen, wie ein Kind, das in einem plötzlichen Ansturm von Liebe alles, aber auch alles hergeben will.

An einem anderen Tag stand ich abends beim darshan in der Reihe der Schüler vor Babaji, als ich für kurze Zeit ein tiefes Gefühl von Liebe in meinem Herzen verspürte und mir folgendes klar wurde:

Gott ist nicht der strafende Gott, der uns immer wieder unsere Unzulänglichkeit vorhält. Die Liebe kennt kein Unten und Oben. Wir können nicht erwarten, daß Gott immer tiefer steigt, bis er uns erreicht hat, sondern wir müssen uns immer wieder aus eigener Kraft aufrichten und höher steigen, bis wir uns unserer Göttlichkeit bewußt werden: bis uns der Strom der göttlichen Liebe erreichen kann und wir letztlich zu Gottes Partner werden in einem universellen Plan von Wahrheit, Einfachheit und Liebe.

Plötzlich wurden Visionen, Erleuchtung und Nirvana für mich bedeutungslos. Die Öffnung des Herzchakra stellte alles andere in den Schatten.

Und dann sah ich, wie Babajis Augen sich einen Weg bahnten, vorbei an den vor mir in der Reihe Stehenden, bis er meinen Blick erreicht hatte, und dann nickte er mir dreimal zu.

★

Das Abreisen aus Haidakhan war oft schwierig. Nur zweimal am Tag fuhr ein Bus von einer 1 1/2 Stunden entfernt liegenden Bushaltestelle nach Haldwani, der nächsten Kleinstadt. Dort wurden Busse nach Delhi eingesetzt. Auch konnte man mit einem Zeitungstaxi preisgünstig reisen, was ich in Anspruch nehmen wollte. Pferde, die mich zur Haltestelle bringen sollten, waren für 7 Uhr bestellt.

An meinem Abreisetag, morgens um 5 Uhr, wartete ich vor Babajis Raum auf mein letztes chandan. Während meiner ganzen Zeit in Haidakhan hatte dieses nie später als 5.30 Uhr stattgefunden und so glaubte ich, danach genügend Zeit zum Pakken zu haben. Aber ausgerechnet heute geschah nichts, es wurde 5.30 Uhr, dann 6 Uhr. Langsam wurde ich nervös. Dann kam jemand und schleppte heißes Wasser für ein Bad zu Babaji. In meinem Kopf begann es zu rotieren, langsam wurde meine Spannung unerträglich. Doch dann gelang es mir, für kurze Zeit zum Beobachter zu werden: "Bist du dir überhaupt bewußt, was es bedeutet, hier an diesem Morgen bei Babaji sein zu dürfen? Was kümmert es dich, ob du heute oder morgen in Delhi bist? Wird nicht alles so laufen, wie es für dich am besten ist?", schien ich mich in meinem Inneren zu fragen.

Dennoch wurde ich meine innere Spannung nicht los, als wir schließlich um 6.30 Uhr bei Babaji am Feuer saßen. Immer wieder kreisten meine Gedanken um die Pferde und den Bus, die längst über alle Berge sein würden.

Kurz vor 7 Uhr stürzte ich dann in meinen Raum und packte hastig meine Sachen zusammen. Als ich fast außer Atem am Flußufer ankam, war von den Pferden nichts zu sehen. Erst nach weiteren dreißig Minuten tauchte ein Inder mit diesen auf, der aber jetzt in aller Seelenruhe wartete, bis alle Mitreisenden vollzählig waren. Dann ging es langsam ohne Hektik los. Während ich durch das schöne Flußtal ritt, war mein Widerstand endlich gebrochen. Ich genoß die Natur, ließ mich treiben und vergaß alle meine Vorstellungen. Als wir an der Bushaltestelle ankamen, war der erste Bus wegen einer Panne ausgefallen, dafür fuhr der zweite Bus aber früher. Er kam an, als wir gerade zehn Minuten gewartet hatten. Ich war zutiefst beschämt und unendlich dankbar für diese letzte Lektion, die Babaji mir erteilt hatte.

★

Es war Sommer und sehr heiß. In der Mittagshitze arbeitete ich im Garten an der Feuerstelle. Ich hatte keine Kopfbedeckung, und zu dem körperlichen Unbehagen gesellte sich eine mutlose und verzagte Stimmung. Im Geiste sah ich die unglaubliche Arbeit, die auf meinem spirituellen Weg noch vor mir lag. Ich sah noch so viele Schwächen in mir und glaubte, niemals an mein Ziel zu gelangen.

Babaji saß etwas abseits, aber nicht weit entfernt mit einigen Schülern an der Feuerstelle.

Da wurde zum Mittagessen gerufen. Der Weg aus dem Garten führte an Babaji vorbei, aber in diesem Zustand wollte ich ihm auf keinen Fall begegnen. Lieber nahm ich den beschwerlichen Weg quer durch den Fluß über spitze Steine in Kauf. Nach dem Essen erhob ich mich eilig, um mich in meinem Zimmer auszuruhen. Dabei mußte ich an den Teestuben vorbei und erschrak, denn dort saß auf einer Bank eine Schülerin, von der ich wußte, daß sie Babaji momentan stets begleitete. Ganz schnell ging ich vorbei, und wagte nicht, mich umzusehen.

"Kinnari!" hörte ich da den Meister meinen Namen rufen. Mein Herz schlug bis zum Hals. Eilig lief ich zurück zu der Teestube, in der ich Babaji vermutete und trat ein.

Da saß er und blickte mich schweigend aus dunklen, unergründlichen Augen an. Er bedeutete mir, mich zu setzen. Dann unterhielt er sich weiter mit den Schülern, die um ihn herumsaßen. Ab und zu streifte er mich mit einem flüchtigen Blick.

Plötzlich befahl er mir, näher zu kommen. Ich brauchte nur noch zwei oder drei Schritte zu tun, um direkt neben Babaji zu stehen. Er zog mich an meinem Kleid zu sich herunter, und ich nahm zu seinen Füßen Platz.

Ich war ziemlich verwirrt, aber im nächsten Augenblick wußte ich spontan, welche Belehrung auf diese subtile Weise erfolgte: Babaji vollzog meine inneren Zustände im äußeren Bereich nach. Er zeigte mir in seiner unendlichen Liebe: "Sieh her! Das Leben ist ein ständiges Auf und Ab. Nur durch den ständigen Wechsel im Inneren wie im Äußeren ist die Möglichkeit gegeben, Erkenntnisse zu sammeln, zu wachsen, und so Schritt für Schritt dem Ziel näherzukommen. Alles ist in Bewegung, und nur durch Bewegung kann Fortschritt erfolgen."

Glücklich, dankbar und voll innerer Freude verbeugte ich mich vor Babaji. Er ist in uns und um uns und wacht über unseren Fortschritt. Ausweichen und Sich-Verstecken ist vor der göttlichen Allwissenheit nicht möglich. Vielmehr sollen wir mutig sein und wissen, daß er immer bei uns ist, um uns zu führen und zu leiten.

★

... sei stark wie der Fels, ernst und tief wie das Meer ...

Überstürzt und unvorbereitet, aber mit Zuversicht im Herzen trat ich meine erste Reise nach Haidakhan an. Die Regenzeit hatte begonnen, und so mußte ich, anstatt durch das Flußbett acht Stunden mit einem Führer durch den Dschungel gehen bei strömendem Regen.

Der Weg zum Ashram war recht beschwerlich. Es herrschte Treibhausluft: es war heiß und feucht. Proviant hatte ich vergessen mitzunehmen, außerdem hatte ich vor Aufregung, endlich Babaji zu sehen, ihm physisch begegnen zu dürfen, zwei Tage nichts essen können.

Um mir den Marsch zu erleichtern, sang ich ständig, mal laut, mal leise das Mantra OM NAMAH SHIVAY. Und mit ständig wachsender Verwunderung lernte ich seine innewohnende Kraft verstehen. Je länger ich sang, umso leichter wurde mir der Weg, ich verspürte weder Hunger noch Durst. Ich war einfach überwältigt von der Kraft, die von diesem Mantra ausging.

Als wir abends in Haidakhan ankamen, wartete Babaji, auf einem Stein sitzend, auf uns. Seine Ausstrahlung war unbeschreiblich, einfach überwältigend.

In der gleichen Nacht träumte ich, daß im Dschungel Menschen und Tiere verschiedenster Art friedlich nebeneinander lebten. Licht durchflutete den Regenwald und die Luft war erfüllt von Schall unzähliger Stimmen: Hier ist das Paradies! Und ich befand mich schwerelos und glückselig in diesem Paradies. Ich war zu Hause.

✸

Meine erste direkte Begegnung mit Babaji am Abend meiner Ankunft in Haidakhan erschütterte mich tief in meinem ganzen Wesen. In unbewußtem, etwas traumversunkenen Zustand lief ich im Halbdunkel an einer Gruppe von Menschen vorbei. Plötzlich packte mich jemand mit festem Griff. Erschrocken erkannte ich Babaji.

Welche Bedeutung hatte diese seine Geste? Erst im Nachhinein verstand ich sie. Babaji machte mir klar, daß ich oftmals unbewußt handele und in meiner Unbewußtheit selbst am Göttlichen vorbeilaufe, ohne es wahrzunehmen.

✸

Jeder, der zu Babaji kam, brachte ihm nach Landessitte ein kleines persönliches Geschenk mit. Als ich das erste Mal nach Haidakhan fuhr, wußte ich nichts von diesem Brauch. Ich hatte zwar einiges über indische Sitten gelesen, sie interessierten mich; doch war das religiöse Brauchtum mir unbekannt. Während der ersten Tage nahm ich deshalb eine abwartende, beobachtende Haltung ein. Aber schon nach zwei Tagen hatte mich Babaji, ohne auch nur ein Wort mit mir zu sprechen im wahrsten Sinne des Wortes "weich geklopft". Ich weinte häufig, besonders während der morgendlichen und abendlichen Andachten, bei denen Babaji immer zugegen war. Dann war ich soweit, daß ich Babaji mein "Liebstes", einen Smaragdring gab.

Ich erinnere mich noch daran, wie ich im blühenden Garten in der Dämmerung vor ihm kniete und ihm auf meiner Handfläche den Ring anbot. Er nahm ihn vorsichtig in die Hand und fragte:

"Was ist damit?"

"Der Ring ist für dich!"

"Für mich? Gut, das ist sehr gut", antwortete er. Wie selig war ich, als Babaji den Ring, an dem ich sehr hing, an seinen kleinen Finger steckte. Er trug ihn zwei Tage. Am dritten Tag saß er zusammen mit anderen Schülern im Zimmer einer Inderin. Ich kam auch hinzu und bemerkte zugleich zu meinem Entsetzen meinen Ring am Finger dieser Dame. Hatte Babaji ihn doch tatsächlich weiterverschenkt! Den Aufruhr in meinem Herzen kann ich nicht beschreiben. Am liebsten wäre ich hinausgestürmt. Immerhin war ich nach zwei Tagen Aufenthalt bei Babaji schon soweit, daß ich innerlich zur Beruhigung fortwährend das Mantra OM NAMAH SHIVAY wiederholte.

Babaji jedoch saß seelenruhig da, warf mir ab und zu einen Blick aus seinen Augenwinkeln zu und gab mir schließlich als Antwort auf den Tumult in mir ein soeben aufgenommenes Polaroid Foto, das ihn mit erhobenen Zeigefinger zeigte.

Den Abschluß dieser kleinen Begebenheit bildete ein Traum, indem Babaji meinen gesamten Schmuck in einen Wassergraben warf.

★

"You go on one side only!" (Geh nur auf einer Seite! – oder: Es gibt nur einen Weg!) sagte Babaji sanft zu mir, als ich wie wild vor ihm hin und her sprang, um ihm aus dem Weg zu gehen. Dabei kam er blitzschnell auf mich zu, so daß ich fast vor ihm strauchelte.

Bleibe auf deinem Weg zu Gott, obwohl es viele Wege gibt!

★

In Babajis Nähe war es mir unmöglich, einen klaren Gedanken zu fassen. In meinen Blicken konnte ich ausdrücken, was mich im Innersten bewegte: die Frage nach der Wahrheit. Seine Antwort erfolgte auf derselben Ebene: durch die Augen. Sein spiegelgleiches Bewußtsein zeigte mir, daß er frei von Gedanken ist. Das war mehr, als ich zu erfahren gedachte, ein unvergeßliches Geschenk!

★

Etwa vier Wochen vor Sri Babajis Mahasamadhi begleitete ich ihn eines Morgens die 108 Ashramstufen hinunter. Er trug wie so oft, wenn er durch das Flußtal wanderte, einen Stab. Dann drehte er sich plötzlich eine Stufe unterhalb von mir stehend um, schaute mich bedeutsam an und übergab mir, wie so oft zuvor, seinen langen Stab zum Halten. Ohne zu überlegen griff ich danach und war äußerst verwundert, als mir Babaji den Stock nicht überließ, sondern leicht mit dem Knauf auf meine Hand schlug. "Nanu", dachte ich, "was will er mich lehren?" Um ganz sicher zu gehen, daß ich nichts mißverstehe, griff ich, als Babaji mir nochmals scheinbar den Stab in die Hand legte, nach ihm, allerdings bewußt langsam und voller Konzentration. Wieder erhielt ich einen leichten Schlag auf den Handrücken. Nun war alles klar. Ich sollte den Stab nicht von selbst nehmen.

Doch der Unterricht war noch nicht beendet. Abermals machte Babaji Anstalten, mir den Stab zu übergeben. Dieses Mal griff ich nicht danach, sondern wartete aufnahmebereit mit geöffneter Handfläche auf das, was er jetzt tun würde: Er legte mir den Stab ganz leicht und sanft in die Hand. Dann ließ er ihn ganz los. Erst jetzt wagte ich es, ihn fest zu ergreifen.

Wie um mir die Bedeutung und Wichtigkeit dieser Handlungsweise nochmals tief einzuprägen, wiederholte Babaji dieses Spiel ein zweites Mal ... Dann drehte er sich um und lief leichtfüßig, mir den Stab überlassend, die Treppe hinunter.

Lange versuchte ich mir, über den tieferen Sinn dieser Symbolik klar zu werden. Der Stab bedeutet für mich das Gesetz, die Macht und keines von beiden – so verstand ich – soll ich von mir aus ergreifen ...

✶

... Nehmet das Gesetz nicht in eure eigenen Hände. Laßt euch vielmehr vom Gesetz leiten. Ich wiederhole, kontrolliert nicht das Gesetz, indem ihr es in eigene Hände nehmt! ...

✶

Am späten Nachmittag saß Babaji im Garten eines Schülers auf einer Hollywoodschaukel. Sanft schwang sie hin und her. Viele Menschen hatten sich auf dem Rasen niedergelassen, um seinen darshan zu erhalten. Einer nach dem anderen ging vor zu ihm, verneigte sich und überreichte ihm kleine Gaben, Früchte, Süßigkeiten, Blumen. Ich saß in der Menge und schaute dem Treiben zu. Dann wurde Aarti vor Babaji gemacht, und ein goldfarbener Sari um seinen Kopf und seine Schultern gelegt ... Beim Anblick des Saris, dessen Farbe mir so gut gefiel, rasten plötzlich wie wild Gedanken durch meinen Kopf: "Gelb, die Farbe der Weisheit ... wer den Sari wohl bekommt? Ob er ihn mir schenkt? Trotz größter Anstrengung konnte ich den Gedankenfluß nicht unterbrechen ... Ich will ja keinen Sari, dennoch, er ist so schön ... Ob er ihn mir schenkt?" Plötzlich rief Babaji meinen Namen. Mir wurde ganz heiß vor Scham, als ich aufstand, um zu ihm zu gehen. Ich ahnte, weshalb er mich gerufen hatte.

Als ich dann vor ihm stand, riß er den Sari mit einem Handgriff von seinen Schultern und warf ihn mir mit einer wilden Gebärde in den Arm! Ich hätte im Boden versinken mögen, verstand ich doch diese seine Geste mit der er mir sagte: "Gebe ich dir denn nicht genug? Bekommst du nicht alles von mir, was du willst? Warum mußt du dich an materielle Dinge hängen? Wann wirst du deine Lektion gelernt haben?"

Wie ich auf meinen Platz zurückkam, weiß ich nicht, ich weiß nur, daß ich wochenlang zögerte, den Sari anzuziehen.

*

Das Spiel als Spiegel der Wahrheit

... Ich bin nur der Spiegel, in dem du dich siehst ...

Babajis Erziehungsmethode war das Spiel, hinter dem sich tiefer Ernst verbarg. Durch das Spiel verwandelte er alles, mit dem er umging und offerbarte dessen geistige Substanz. Um der Erkenntnis willen, um die Menschen zur Einsicht zu führen, stellte er sich auf den jeweiligen Bewußtseinszustand seines Gegenübers ein, wurde zu seinem untrüglichen Spiegel und handelte entsprechend. Fragte ein unentschlossener Schüler um Rat, so gab Babaji die widersprüchlichsten Antworten, bis dieser aus sich selbst heraus die Entscheidung fand. Ähnlich verfuhr er mit Wichtigtuern oder solchen, die sich über andere stellten. Er pflichtete ihnen bei, machte sie so zu seinen Favoriten und ließ ihr Ego anschwellen. Sobald sie vor Überheblichkeit platzten, hieß er sie den Ashram verlassen oder ließ sie eine besonders erniedrigende Erfahrung machen. Die Schüchternen ignorierte Babaji so lange, bis sie ihre Fassung verloren.

Durch dieses Spiel mit Emotionen lernten alle ein gesundes Gleichmaß finden und erkannten – durch den Spiegel, den Babaji jedem Einzelnen vorhielt – daß sie wie in einem Theaterstück ihre selbstgewählten Rollen spielten. Auch wurden sie mit ihrer eigenen Vergänglichkeit konfrontiert, eine Erfahrung, die demütig macht.

Schmerzlich war die Erkenntnis, daß jedes Wollen, jede ichbezogene Handlung, einschließlich der begleitenden Gedanken und Gefühle keinen Bestand haben und eigenmächtiges Tun nicht im Einklang mit dem Willen Gottes steht. Diesen tiefgreifenden Erfahrungen, einschließlich dem Verständnis der eigenen Nichtigkeit, folgte die Gewißheit, daß sich alles nach dem göttlichen Plan vollzieht, dessen Ziel die Vergeistigung der in Unbewußtheit schlafenden Materie ist.

Die folgenden Erlebnisse verdeutlichen, wie Babaji auf jeden Einzelnen einging, um ihn entsprechend seiner Anlage und Aufnahmefähigkeit zu führen.

★

Als ich das erste Mal in Haidakhan war, sagte mir Babaji nach zehn Tagen zum zweiten Mal: "Morgen mußt du gehen!" Das konnte ich nicht begreifen. Mir war gesagt worden, ich könnte Babaji dreimal fragen, ob ich bleiben dürfe. Zweimal war ich erfolglos gewesen. Morgen wollte ich es noch einmal wagen mit der Begründung meines Verstandes, daß ich nirgends soviel über mich selbst erfahren, soviel über meinen Charakter lernen könne, wie hier! Zwar war es sehr anstrengend im Ashram, gern würde ich mal wieder ausspannen und Kuchen essen. "Aber", so dachte ich, "es gilt ja, viel im Leben zu lernen. Nur das ist wichtig!" Auch mein Herz wollte sich eigentlich von Babaji erholen, denn irgendwie war ich seelisch erschöpft: es traten soviele Unreinheiten in mir zu Tage, daß ich mich – wie ich es gelernt hatte – über meinen "inneren Schweinehund" schämte. Folglich lief ich immer mit dem Gefühl herum: "Ich bin sehr schlecht, ich bin voller Sünden ... Herr, mein Gott, hilf!"

Dieses tiefsitzende Gefühl war eigentlich mein ständiges Mantra. Es beschwerte meinen Aufenthalt, bedrängte und quälte mich außerordentlich.

In diesem Zustand und in dem Bewußtsein, nirgends anderswo mehr über mich selbst zu erfahren und zu lernen, ging ich zum dritten Male mit der Bitte zu Babaji, doch bleiben zu dürfen. "Go!" (geh!) schrie er mich mit donnernder Stimme an. Es war, als wenn ein Kugelblitz mitten in mein Herz gefahren sei.

Im ersten Moment fand ich Babajis Entscheidung ungerecht, dann aber merkte ich, daß irgendetwas durch dieses "Go!" mit meinem Herzen geschehen war: es war zum Leben erweckt worden!

Wann immer ich danach eine Entscheidung statt mit meinem Herzen mit meinem Verstand traf, hörte ich dieses durchdringende "Go!" Allein um diesen Schrei in mir los zu werden, folgte ich von nun an meiner inneren Stimme, und lernte im Laufe der Zeit, daß die Sprache des Herzens die Sprache Gottes ist.

★

Es war bei meinem zweiten Aufenthalt in Haidakhan, daß mir plötzlich die Verrücktheit meines Hierseins, fernab von zu Hause, getrennt von Mann und Sohn, meiner Arbeit, meinem täglichen Leben, ins Bewußtsein drang. Hier inmitten des Gebirgswaldes mit Schlangen, mit Würmern im Stuhl, Insekten, die mich plagten und dann diese Hitze! War ich wirklich verrückt?

Ich beschloß, Babaji eingehendst zu befragen, was er mich tatsächlich lehren könne. Ich dachte, wenn er mir wirklich Teleportation beibringe, dann lohne es sich, noch mehr Entbehrungen auf sich zunehmen.

Entschlossen nahm ich meinen ganzen Mut zusammen – es war mir empfohlen worden, nie etwas zu fragen, denn Babaji wisse genau, was ich benötige, und würde es mir zur rechten Zeit zukommen lassen – und fragte ihn: "Was kannst du mich lehren und kann ich Teleportation erlernen?" Seine Antwort war: "Ich kann dich lehren zu schweigen, meinen Anweisungen zu folgen... Du redest zuviel... Ich mag keine Schwätzer... Morgen darfst du gehen!"

So mußte ich am kommenden Morgen den Ashram verlassen! Ein Teil von mir war froh, der andere traurig. Ich packte mein Gepäck. Dann saß ich unten auf den Ashramstufen und wartete am Fluß auf mein Pferd, das mich zum Damm bringen sollte. Ich schloß meine Augen und überlegte, was ich wohl falsch gemacht hatte. Auch bat ich Babaji innerlich, mir meinen Fehler zu zeigen. Was war falsch an der Frage, ob er mir Teleportation beibringen könne? Dann hörte ich in mir seine Stimme: "Du hast zu viele Wünsche!" Aha, das war es also. Wenn es so war, dann wollte ich sie alle fahren lassen. Ich erforschte mich, ob ich tatsächlich bereit wäre, wunschlos zu werden..... Nein, da gab es doch einiges, das auf Erfüllung wartete. Aber vielleicht war es doch möglich? Nun begann ich im Geiste den Satz: "Ich bin nun wahrhaft gewillt, alle meine Wünsche aufzugeben!" in einem fort zu wiederholen. Ich ließ mich ganz in den Teil meines Selbstes, das die Wunschlosigkeit bejahte, fallen. Und wirklich! Dieses Gefühl war echt.

Nach kurzer Zeit öffnete ich die Augen und sah Babaji vor mir stehen. "Du kannst bleiben", sagte er und lächelte.

✱

Einmal geschah es, daß Babaji meinen ganzen Gesichtsaus-
druck und Redeweise nachahmte. Im ersten Moment war ich
ganz verblüfft und überlegte, was er mir wohl sagen wolle.
Dann begriff ich: Babaji stellte einen Spiegel dar, ich erkannte
mich in ihm und zog daraus die Lehre, mich zu ändern.

Einer jungen Frau, die zum ersten Mal nach Haidakhan kam,
setzte Babaji seelisch stark zu. "Hast du keine Kinder?",
forschte er. "Nein!" Drohend trat er auf sie zu: "Warum
nicht?" fragte er mit zum Schlage erhobener Hand. Die junge
Frau brach in Tränen aus, worauf Babaji sie mir in die Arme
warf.

Dieses Spiel wiederholte sich mehrmals, und zwar immer
dann, wenn ihre Tränen versiegt waren. Schließlich stellte sich
heraus, daß die junge Frau vor Monaten eine Abtreibung
hatte, über die sie nicht hinweg kam. Ohne daß jemals ein Wort
über diesen Vorfall erwähnt worden war, hatte Babaji davon
Kenntnis und holte durch seine Handlungsweise dieses unbe-
wältigte Problem an die Oberfläche, um es aufzulösen.

Nach fünf Tagen in Haidakhan wurde ich krank. Die extremen
Bedingungen des beginnenden Monsuns brachten mich fast an
die Grenzen meiner physischen Kräfte. Einmal fiel ich vor
Schwäche die regennasse Treppe hinunter und verletzte mir
den rechten Arm. Der Schmerz war ganz erheblich. Bei der
Arbeit mit den schweren Steinen im Flußtal versuchte ich, den
schmerzenden Arm etwas zu schonen.

Babaji, der die Arbeit beaufsichtigte, beobachtete dies, kam
heran und rief: "Both hands!" (Mit beiden Händen). Erschrok-
ken packte ich nun mit beiden Händen zu – mit voller Kraft –
und siehe da, schmerzlos konnte ich weiterarbeiten. Mein Arm
war geheilt.

★

Während meiner zahlreichen Aufenthalte bei Babaji in Haidakhan, freute ich mich immer, wenn er mir den Auftrag des "Porters" gab. Als Porter begleitete man den Meister den ganzen Tag mit einer Umhängetasche, in der alle möglichen Kleinigkeiten steckten: Bonbons, Nüsse, Rosinen etc. als Erfrischung für die Arbeitenden und kleine Geldscheine zur Entlohnung nepalesischer Wanderarbeiter. Auch diesmal, es war gerade vier Wochen vor der Zeit, als Babaji seinen Körper verließ, hatte er mir diesen Auftrag gegeben.

Einmal ergab es sich, daß ich neben der Umhängetasche auch einen Fotoapparat tragen mußte. An diesem Tag ging Babaji mit einer älteren Inderin aus Bombay, die ihn schon viele Jahre kannte, durch den Company Garten unten am Fluß. Es war der Tag vor ihrer Abreise, somit auch der letzte Tag, an dem sie Babaji in seinem physischen Körper sehen würde.

Beide eilten ein Stück im Garten voraus. Als sie in der äußersten Ecke des Gartens auf einem Felsvorsprung Platz genommen hatten, rief mich Babaji zu sich, um mich Photos von ihnen machen zu lassen. Im Film waren noch zwei Aufnahmen frei. Anschließend bedeutete mir Babaji, den Film herauszunehmen. Da ich die Kamera nicht kannte und auch sonst nicht technisch begabt bin, fand ich das Knöpfchen für die Rückspulvorrichtung nicht. Babaji schien etwas ungeduldig zu sein und um ihn nicht länger warten zu lassen, drehte ich einfach an der Rückspulkurbel. Der Film zerriß natürlich. Babaji vernahm das Geräusch und fragte wie geistesabwesend: "Zerrissen?" Mir war heute besonders aufgefallen, daß Babaji die ganze Zeit auf einer fernen Bewußtseinsebene zu weilen schien. Seine Bewegungen waren betont langsam. Er nahm alles wahr wie immer, wohl aber aus einer weiten Ferne.
nergründlich tiefem Blick nahm er mir die Kamera aus der Hand, drehte und spielte unbestimmt mit ihr herum, worauf sie sich plötzlich wie von selbst öffnete. Das kürzere abgerissene Stück des Films fiel heraus. Babaji nahm es in seine Hände und wickelte es ständig mal um diesen Finger, mal um jenen.

Nun wurde die besinnliche Stille jäh durch die Ankunft eines Inders unterbrochen, der unentwegt auf Babaji einredete, der ihm aber geduldig zuhörte, nickte und dem Sprechenden schließlich den so oft durch seine Finger geglittenen abgerissenen Teil des Negativfilms in den Schoß legte mit den Worten: "Hier nimm ihn. Ich habe den Film mit Heilmantren besprochen. Hänge ihn an die Türen der Räume, in denen Kranke sind."

In Findhorn traf ich eine junge Frau, von der ich wußte, daß sie einen Meister in Indien hatte. Interessiert fragte ich sie nach ihm. Sie zeigte mir ein Photo und sagte: "Das ist Babaji!" Sein Gesicht auf dem Bild berührte mich so stark, daß ich in den Meditationsraum lief und weinte. Meine Tränen wollten nicht versiegen. Instinktiv wußte ich, daß ich Babaji kannte, ihn aber vergessen hatte und dieses Wesen auf dem Bild der Schlüssel zu all dem sein würde, was ich suchte.

Von diesem Zeitpunkt an, begann ich das Mantra OM NAMAH SHIVAY zu rezitieren und mich innerlich mit Babaji zu unterhalten. Eines Tages erhielt ich deutlich die Anweisung von ihm, nachts einen nahegelegenen Hügel zu besteigen. Diesem Hügel wurde eine innewohnende Kraft zugeschrieben. Als ich oben war, fragte ich Babaji, was es bedeutete, daß er mich nachts auf diesen Hügel steigen ließe.

Während ich die Sterne am klaren Himmel beobachtete, hörte ich seine Antwort in meinem Herzen: "Wenn immer du diesen Ruf verspürst, dann befolge ihn. Ich will unbedingten Gehorsam. Möchtest du wirklich meine Schülerin werden? Viel werde ich von dir verlangen. Vieles wirst du aufgeben müssen."

Spontan antwortete ich ihm: "Hier gibt es nichts zu überlegen, von ganzem Herzen möchte ich dir folgen."

Von nun an trat Babaji in mein Leben. Er prüfte und testete mich und meinen Gehorsam.

Eines Nachts träumte ich von ihm. Im Traum war ich mit Babaji am Flußbett in Haidakhan. Er und ich sprangen auf den weißen Flußsteinen herum, lachten und scherzten dabei. Viele Menschen waren anwesend, aber es schien, als seien nur er und ich vorhanden. Nach einer Weile setzte sich Babaji auf einen der Steine und ich mich zu seinen Füßen. Ich schaute ihn an und sagte:

"Ich danke dir für diesen wunderschönen Nachmittag. Freude bedeutet mir so viel. Dennoch ist sie nicht all das, was ich von dir möchte. Du mußt mir schon mehr geben."

Babaji schaute mich lächelnd an und antwortete:

"Du hast den Test bestanden. Diese Worte wollte ich von dir hören!"

Dann schrieb ich Babaji, um zu fragen, ob ich nach Haidakhan kommen könnte. Als Antwort schickte er mir ein selbst gemaltes Bild. Das Bild zeigte einen Weg, der auf einen Berg führte. Oben standen eine Hütte und einige Bäume. Während ich die Zeichnung anschaute, wußte ich, daß ich am 21. April bei Babaji sein würde.

Am 18. April kam ich in Delhi an. Ich war so ungeduldig, endlich Babajis darshan zu erhalten, daß ich dachte: "Warum soll ich meine Zeit hier in Delhi vergeuden? Ich fahre einen Tag früher!" Eine Stunde nach dieser Entscheidung bekam ich Fieber und Durchfall. Innerlich durcheinander gebracht, fragte ich Babaji, was das zu bedeuten hätte. Seine Antwort war: "Wenn du am 21. April kommen sollst, dann möchte ich nicht, daß du früher erscheinst!"

Ich nahm diese Lehre an, und nach einigen Stunden fühlte ich mich wohlauf.

Mit Schwierigkeiten erreichte ich dann auch wirklich Haidakhan am 21. April. Um dorthin zu gelangen, mußte ich einige Male den Fluß durchwaten. Die umliegenden Berge schienen nicht aus Materie zu bestehen, sondern aus Schwingungen voll des Mantras OM NAMAH SHIVAY. Als ich mich dem Ashram näherte, bemerkte ich eine Anzahl von Menschen, die am Flußbett entlang wanderten. Dann blieben sie stehen. Einer von ihnen war Babaji. Er strahlte. Den ganzen Weg hatte ich mit ihm geredet, und jetzt, als ich ihn begrüßte, fragte er lächelnd:

"Woher kommst du?"

Das war ein gelungener Witz.

Anstatt zwei Wochen blieb ich sechs Monate bei Babaji. Als ich dann nach Hause kam, verstand ich seinen Hinweis, daß ich vielleicht alles aufgeben würde müssen. Es bedeutete das Ende meiner Ehe. Mein Mann hatte während meiner Abwesenheit eine neue Lebensgefährtin gefunden.

✱

.....Kein Vogel kann ohne meine Erlaubnis fliegen.....

✱

Ein Jahr lang war ich nicht bei Babaji gewesen. In Delhi angekommen, erfuhr ich von Freunden, daß er hier gerade öffentlich darshan gebe, und beabsichtige, am nächsten Tag weiter nach Kalkutta zu fliegen.

Ich eilte daraufhin sofort zu Babaji. Welche Glückseligkeit, ihn wieder zu sehen!

Nach dem darshan erfüllte Babaji den Wunsch einiger Schüler und besuchte sie privat in ihren Häusern. Ihm wurde ein Auto zur Verfügung gestellt. Als er einstieg, lud er mich ein, hinter ihm, neben der Besitzerin des Autos, Platz zu nehmen. Schweigend fuhren wir durch die belebten Straßen. Dann drehte sich Babaji auf einmal zu mir um und fragte sanft: "Hast du einen Flugschein und eine Reservierung für Kalkutta?"

"Nein", antwortete ich.

"Ja, dann ist nichts zu machen, du mußt hierbleiben!"

"O, bitte nein!"

"Möchtest du das etwa nicht?", fragte er und lächelte.

Babaji wußte also, daß es mein sehnlichster Wunsch war, ihn nach Kalkutta zu begleiten. Der Gedanke, keinen Flugschein und keine Platzreservierung zu haben, beunruhigte mich nicht im geringsten, obwohl ich gehört hatte, daß alle Flugzeuge wegen der Beendigung der asiatischen Festspiele ausgebucht waren.

Am nächsten Tag früh um sieben Uhr stand ich mit meinem Reisegepäck am Flughafen. Als ich mein Billet kaufte und den Flug mit Babaji buchen wollte, sagte man mir, ich könne frühestens in drei Tagen nach Kalkutta fliegen. 280 Passagiere stünden für diesen Flug auf der Warteliste.

Unterdessen war Babaji am Flughafen angekommen. Eine große Menschenmenge begleitete ihn, als er wie ein einfacher Tourist in der Wartehalle Platz nahm. Mehr und mehr Menschen strömten herbei. Irgendwie gelang es mir, durch das Gedränge in seine Nähe zu kommen. Ich hielt mein Flugticket in der Hand und war zutiefst überzeugt, daß Babaji mich mit ins Flugzeug nehmen würde. Als er mich erblickte, wies er einen der anwesenden prominenten Inder an, mir einen Platz zu besorgen. Unverrichteter Dinge kam er jedoch zurück. Dieses Spiel wiederholte sich noch zweimal. Jedesmal kamen die Beauftragten erfolglos zurück. Dennoch war mein Glaube, mit diesem Flugzeug mitzukommem, unerschütterlich.

Schließlich wurde der Flug ausgerufen. Babaji stand auf, um in die Abflughalle zu gehen, nahm mein Flugbillet selbst in die Hand, lächelte, gab es einem vierten Inder und bedeutete mir, diesem zu folgen. Wir gingen also mit meinem Gepäck auf den Schalter der Indian Airlines zu, der bereits geschlossen war. Dahinter gab es ein riesiges Durcheinander, Gestikulieren und Geschrei. Mein Begleiter mischte sich entschlossen darunter und ergatterte auf eine mir unerklärliche Weise nicht nur eine Boardingkarte, sondern gleich fünf!

Hier fielen mir die Worte ein: "Glaubet und ihr werdet erhalten!"

Der Flug, bei dem ich hinter Babaji saß, und der ab und zu mit mir einige Worte wechselte, wird mir unvergeßlich bleiben.

★

Jahrelang las ich religiöse Bücher, welche meine Sehnsucht nach spiritueller Führung stärkten. Trotzdem wollte ich nicht irgendeines Meisters Schüler werden. Ich dachte, Gurus sind wie wir, sie werden geboren, sie sterben. Nicht aber die Avatare.

Auf meiner Suche fiel mir ein Buch auf Bengalisch, "Blessings and Percepts" (Segnungen und Unterweisungen) in die Hände. Es gab Auskunft über den alten Haidakhan Baba, den man als unsterblichen Babaji wiedererkannt hatte. In diesem Buch waren zwei Photographien, die mich so in ihren Bann zogen, daß ich anfing, zu diesem Babaji zu beten. Hinzu kam, daß ich die "Autobiographie eines Yogi" entdeckte, die zusätzlich Einzelheiten über Babaji schilderte.

Dieses Buch beeindruckte mich so stark, daß ich im Geiste darum bat, als sein Schüler angenommen zu werden. Jahre vergingen, in denen mir Babaji innerlich immer näher kam. Eines Tages erwähnte ein Freund meines Vaters, daß Babaji wieder erschienen sei. Er lebe irgendwo in Nord-Indien, im Himalaya Gebirge in der Gestalt des Baba Haidakhan. Dieser Freund war bei ihm gewesen und hatte ihn im Namen vieler Schüler gebeten, sie in Assam aufzusuchen. Er kam dieser Bitte nach.

Am zweiten Tage nach Babajis Ankunft in Assam schaute ich ihn mir aus der Ferne an. Er sah nicht so aus wie in dem Buch. Das verwirrte mich, und es fiel mir schwer, in ihm Yoganandas Babaji zu erkennen. Dennoch zog es mich wie ein Magnet zu ihm. Zögernd näherte ich mich, verneigte mich und fragte: "Bist du Babaji?" Jemand, der in seiner Nähe stand, antwortete: "Ja, er ist Babaji!"

In der "Autobiographie" steht geschrieben, daß Babaji einige wahrhaftig Suchende in den Kriya Yoga einweiht. So bat auch ich ihn um diese Einweihung. Babaji lehnte aber dieses Ansinnen ab. Ich wollte aber nicht gleich aufgeben und beharrte: "Wenn du mich nicht einweihst, hat mein Leben keinen Sinn mehr. Dann will ich lieber sterben!"

Daraufhin schaute mich Babaji durchdringend an. Sein Blick drang tief in mein Herz, und ich erschrak angesichts der Kraft, die aus seinen Augen strömte. In der entstandenen Stille, in der ich erbebte, sagte er schließlich: "Komme nach Vrindaban. Dort bekommst du von mir, wonach es dich verlangt!"

Ich bezweifelte, daß mich mein Arbeitgeber so bald wieder frei geben würde, doch Babaji versicherte mir: "Sorge dich nicht, bald wirst du kommen können!"

Vier oder fünf Monate später begleitete mein alter Vater Babaji auf einer Reise zu verschiedenen heiligen Stätten. Bei Madhuban jedoch, in der Nähe von Vrindaban, verletzte er sich die Hüfte durch einen Sturz und wurde in ein Krankenhaus eingewiesen. Auf diese Nachricht hin erhielt ich Urlaub, fuhr zu Babaji nach Vrindaban und wurde dort von ihm in den Kriya Yoga eingeweiht.

✱

Einmal war ich im August in Haidakhan. Der Gautama Fluß führte nach dem Monsunregen noch viel Wasser. So war es nicht leicht, allein über den reißenden Strom zu gelangen.

Eines Vormittags gingen Babaji und ich zu den Tempeln auf der anderen Flußtalseite. Dazu mußte das brodelnde Wasser überquert werden. Ich hatte einen teuren Fotoapparat und eine Filmkamera dabei und daher Mühe, bei der Flußdurchquerung auf den schlüpfrigen Steinen Balance zu halten. Aber Babaji war bei mir und nahm mich bei der Hand, so daß er mich stützen konnte. Meine Schuhe allerdings mißbilligte er. Es waren einfache Plastikschuhe, wie sie in Deutschland als Badelatschen verwendet werden. Und ich hatte sie für die Flußdurchquerung ausgezogen und hinter meinen Gürtel gesteckt. Babaji zeigte darauf, schüttelte den Kopf und sagte nur: "No, no." Ohne genau zu wissen, was er damit sagen wollte, hatte ich doch das Gefühl, daß ich vielleicht besser für einige Zeit ganz auf Schuhe verzichten sollte. Babaji ging übrigens fast immer barfuß, was bei den manchmal recht spitzen Steinen schmerzhaft sein konnte.

Später vergaß ich die Begebenheit wieder. Am nächsten Tag jedoch kam sie mir wieder schlagartig ins Bewußtsein. Meine Schuhe waren nämlich verschwunden, einfach nicht mehr aufzufinden. Entsprechende Ersatzschuhe hatte ich nicht mit, und im Ashram Laden war Größe 45 leider nicht vorrätig.

Also beschloß ich, die nächsten Tage barfuß zu gehen. Und siehe da – Babaji muß mir wohl seinen besonderen Segen gegeben haben. Obwohl ich viel über spitze Steine lief, spürte ich nach einiger Zeit keinen Schmerz mehr. Es gab auch keinerlei Verletzungen. Immer und immer wieder betrachtete ich staunend meine Fußsohlen, die glatt, rosig und unverletzt waren. Das verwunderte mich umso mehr, als ich sonst – mit Sandalen

– immer kleine entzündete Risse und Schnitte gehabt hatte, die behandelt werden mußten. Diesmal war nichts! Und noch etwas fiel mir auf: Ich spürte deutlich, daß ich beim Gehen eine Art Bewußtsein in den Füßen entwickelte, wodurch ich barfuß ein ganz neues Verhältnis zu der Erde gewann: zu der Erde, auf der wir leben, und die man ständig mit Füßen tritt.

★

Auf Anweisung von Babaji schlief ich nachts an der Feuerstelle. In der dritten Nacht wurde ich so gegen 2 Uhr wach und hörte einen fast donnernden, durchdringenden Ruf wie aus weiter Ferne. Ich glaubte, Babajis Stimme zu erkennen und wunderte mich, daß er mich mitten in der Nacht bei meinem Namen rief und zwar so, daß es im ganzen Flußtal widerhallte. Plötzlich war ich nicht mehr im dhuni, sondern stand auf einem Berg direkt vor Babaji, der in Yogahaltung auf der Erde saß. Ich fiel vor ihm nieder zum pranam und Baba segnete mich mit den Worten: "Na, ihr Freunde des Widerspruchs!" Ich hatte das Gefühl, daß noch jemand bei mir war, konnte aber niemanden sehen. Dann sprach Babaji noch kurze Zeit mit mir, und genau so plötzlich, wie ich meinen Schlafplatz verlassen hatte, lag ich wieder auf ihm, drehte mich auf die andere Seite und schlief weiter.

Am nächsten Tag nahm ich an einer Kailash Besteigung teil. Ich muß noch erwähnen, daß ich zu diesem Zeitpunkt bereits drei Wochen an einer Amöbenruhr litt und keinerlei Essen bei mir behalten konnte. Ich war also kräftemäßig nicht im allerbesten Zustand. Da ich mich aber schon einige Tage zuvor zu dieser Führung angemeldet hatte, war ich entschlossen, diese Strapaze durchzustehen.

Wir gingen in einer größeren Gruppe unter Führung eines Einheimischen los. Nach zwei Drittel des Weges verließen mich plötzlich meine letzten Kräfte. Als mich gerade das Zittern erfaßte, das einen solchen Zusammenbruch ankündigt, fiel mir ein, daß Babaji gesagt hatte: "Das Mantra OM NAMAH SHIVAY hilft auch in der größten Not."

Da ich unbedingt diesen Berg besteigen wollte, der für mich der Wohnsitz des Herrn der Welt ist, begann ich mit ganzer Hingabe und Demut das Mantra zu rezitieren. Als ich es gerade dreimal wiederholt hatte, fuhr eine große Kraft in mich hinein, die alle Schwäche sofort auflöste und mich mit fast jugendlichem Elan das letzte Drittel des Berges ersteigen ließ.

Oben angekommen, sah ich sogleich, daß ich in der vergangenen Nacht mit Babaji hier auf dem Kailash gewesen war. Dabei hatte er genau auf dem Platz gesessen, wo das dhuni steht.

★

Oft bin ich nach Haidakhan gefahren, doch nur ein einziges Mal bekam ich direkt per Post von Babaji den Ruf, zu kommen. Der Zeitpunkt paßte ausgezeichnet, denn ein befreundetes Ehepaar mit zwei Kindern und deren Onkel wollten ebenfalls zu Babaji und sie begrüßten es sehr, daß ich als "Ortskundiger" mitreiste. Der Vater der Familie – übrigens das erste Mal dabei – war recht reserviert und von Babaji ganz und gar nicht überzeugt.

Wir kamen zwar – wie üblich, wenn man zu Babaji reiste – ohne jede Schwierigkeit nach Indien und in das kleine Städtchen Haldwani. Doch dann klappte die Organisation auf einmal schlecht. Es war Monsunzeit und glühend heiß. Nach allerlei Hin und Her und mehreren Mißverständnissen konnten wir erst bei Einsatz der Mittagshitze losgehen, um den langen Marsch über den Berg zu wagen.

Anfangs ging es immer bergauf, und durch die glühende Sonne stöhnten wir bald vor Anstrengung. Schließlich waren wir nicht mehr die Jüngsten, sondern alle zwischen 40 und 50 Jahre alt. Und richtig, unser bisher ungläubiger, zweifelnder und stets etwas spöttelnder Familienvater klappte zusammen. Mit hochrotem Kopf und Kreislaufschwierigkeiten blieb er auf der Strecke liegen. So, ohne Hilfe, konnte er den anstrengenden Weg nicht schaffen; und nirgendwo Wasser oder gar ein Rasthaus. Nur Sonne, dichter Regenwald und Hitze!

Da war guter Rat teuer, denn wir hatten erst rund ein Drittel der etwa fünfundzwanzig Kilometer hinter uns gebracht. Die Träger mit dem Gepäck mahnten zur Eile, denn sie wollten noch bei Tageslicht ankommen. Immerhin ging es durch dichten Dschungel und tropischen Regenwald, und gar nicht so selten sahen wir Affen um uns herumspringen. Und wo Affen sind, könnte auch anderes, vielleicht wilderes Getier sein. Jedenfalls saßen wir etwas niedergeschlagen am Wegesrand, baten innerlich Babaji um Hilfe und hofften, daß sich der arme Kerl wieder erholen möge. Wo er doch sonst immer so stark war! ...

Plötzlich und ganz unverhofft kam ein Bauer des Weges – mit einem Pferd. Er war der erste, der uns begegnete, und es blieb auch der einzige. Er kam zwar aus Haidakhan und wollte nach Haldwani, doch mit Hilfe von einigen Rupeen überzeugten wir ihn, doch unseren Kranken aufzuladen und wieder nach Haidakhan zurückzukehren. Und siehe da, das Pferd erwies sich als besonderer Segen. Denn nach einigen weiteren Stunden ging es dem Vater zwar besser, doch jetzt konnte der Sohn nicht mehr. So kam reihum fast jeder einmal mit kleineren Erschöpfungszuständen aufs Pferd bis wir schließlich Haidakhan erreichten.

Zufall? Natürlich, alles immer nur Zufälle. Aber sie häuften sich diese Zufälle, und mehr und mehr erkannten wir, wieso und warum sie uns zufielen, von wem sie gelenkt wurden.

Unterhalb der 108 Stufen des Ashrams ergriff Babaji auf einmal links von mir gehend mein Handgelenk und stützte sich schwer auf meinen Unterarm. Gleichzeitig zog er mich die Treppen empor. Da ich nicht hinfallen wollte, drückte ich meinen Arm gegen seinen. Im schnellen Schritt, mich anlächelnd und gleichzeitig niederdrückend, zog er mich die Ashramtreppe hoch.

108 Stufen sind ein langer Weg. Ich konzentrierte mich vollkommen auf Babaji. Die vielen Menschen, die uns folgten, entschwanden meinem Bewußtsein. Dafür trat ein wortloses Verstehen auf: Babaji gab mir das Versprechen, mich die Leiter

zur Erlösung hinaufzuführen; diese Aufgabe zu bewältigen wäre für mich nicht ganz leicht, aber dennoch, mit seiner Hilfe würde ich es schaffen ...

Oben angekommen, schlug mein Herz bis zum Halse. Aber das Pochen meines Herzens war gleichzeitig das Pochen seines Herzens. Unsere Herzen waren eins. Unsere Anstrengung, unser Schicksal, unser Ziel, sie alle bestanden nicht mehr für sich allein, sie waren verknüpft, Teil der alles beinhaltenden göttlichen Einheit.

★

Ich bin Du

**... Sonne, Mond und Sterne sind alle in Mir! ... mein Anliegen
ist das Leid der ganzen Welt ..."**

Das kosmische Bewußtsein kennt keine Trennung zwischen du
und ich, alles fließt ineinander und das scheinbar abgespaltene
äußere Sein wird als Teil des eigenen Selbst erkannt und erfahren. Durch die innere Schau, die Babaji vermittelte, wußten
die Betreffenden, auf welcher Bewußtseinsstufe sie sich befanden und wieviele Schritte noch zu bewältigen waren. Anderen
wiederum gab Babaji auf augenblickliche Situationen, unaus-
gesprochene Fragen und bestehende Probleme innerlich ein-
deutige und unmißverständliche Antworten und ließ sie wissen, wie sehr er eins mit ihnen war.

Alle, die zu ihm kamen, schenkten ihm nicht nur nach altem
Brauch Gaben, sondern legten ihm alle ihre Last, ihr Leid, ihre
physischen Gebrechen zu Füßen. Um sie zu erleichtern,
beschwerte er sich damit, was ganz besonders auch an seiner
eigenen Person zu bemerken war: innerhalb weniger Jahre verwandelte er sich von einem zarten, fast durchsichtigen Jüngling
in einen vollschlanken Mann mittleren Alters. Seine Worte:
**"Zu viele Krankheiten habe ich auf mich genommen ... ich
trage die Last des gesamten Universums."** lassen nur erahnen,
was er an menschlichen Gebrechen auf sich lud. Noch sechs
Wochen bevor er seinen Körper verließ, sagte er viele unheil-
bare Krankheiten voraus und empfahl jedem das geistige Heilen zu erlernen. Zu diesem Zweck erhielten viele auf Babajis
Anweisung Heilmantren, die auch noch heute in Haidakhan
vergeben werden.

★

Babaji hatte sich oberhalb des Ashrams unter einem schatten-
spendenden Baum auf einen Stuhl gesetzt. Mir bedeutete er, zu
seinen Füßen Platz zu nehmen. Schweigend schauten wir ins
weite Tal hinunter. In mir war tiefster Frieden ... ich war ganz

still während meine Hand unbeweglich auf Babajis Fuß ruhte. "Du bist überall, in jedem Grashalm, im Wind, im Höchsten wie im Niedrigsten, im Größten wie im Kleinsten" fuhr es mir durch den Sinn. "Doch wo stehe ich?" Alles versank um mich herum, ich nahm nicht einmal das Zwitschern der Vögel wahr. Sekunden verstrichen oder waren es Minuten ... und plötzlich wußte ich, daß noch ein Schritt fehlte. Ich erwachte wie aus einem Traum, ohne Regung des Bedauerns ... ich hatte geschaut und erkannt!

★

Einmal, im Winter, und als viele Schüler wegen des strömenden Regens in ihren Zimmern waren, kam Babaji unbemerkt in die Kirtanhalle. Er setzte sich auf seinen Sitz und rief mich, unterhalb von ihm an seiner Seite Platz zu nehmen.

Als ich dann so still neben ihm saß, überkam mich die große Sehnsucht, mich aufzulösen, eins zu werden mit dem Schöpfer, jegliche Individualität hinter mir zu lassen, Eins zu sein mit dem großen, unendlichen Ozean, und spontan bat ich Babaji innerlich, der all dies für mich beinhaltet: "Laß mich bitte Eins mit dir werden!" Ich hatte keine Antwort von ihm erwartet, aber zu meinem Erstaunen sah ich, wie er seine schwarzen Augen groß und ernsthaft auf mich gerichtet, nickte. Ich wagte kaum zu atmen, aber dann quoll die Frage aus mir hervor: "Ist das ein Versprechen?" Wieder nickte er langsam und bedeutungsvoll ... Danach hatte ich keine Fragen mehr.

★

Ich saß inmitten der Schüler in der Tempelhalle. Es wurde gesungen wie immer während Babaji darshan gab. Plötzlich ließ er mit einer Geste den Gesang unterbrechen und rief mich beim Namen. Ich stand auf, etwas unschlüssig und verwirrt.

"Du darfst dir etwas wünschen, es wird erfüllt werden."

Nichts, aber auch gar nichts fiel mir ein.

"Du hast mir schon alles gegeben", sagte ich schließlich … "daß mir dein Segen erhalten bleiben möge" …

"Den hast du schon", sagte er und lachte, "du sollst dir etwas wünschen!" "Etwas, was dir wirklich am Herzen liegt", sekundierte die Übersetzerin.

Spontan kam es da aus mir: "Frieden für die Welt. Gib der Welt Frieden!"

"Ich bin gekommen, um der Welt Frieden zu geben, aber die Herzen der Menschen sind verschlossen."

"Dann öffne ihre Herzen", bat ich.

Babaji sah mich still an und nickte dann: "So sei es!" und bedeutete den Anwesenden, weiterzusingen.

★

Täglich führte Babaji um fünf Uhr früh ein havan, eine Feuerzeremonie, aus. Diesmal jedoch befanden wir uns nicht in Haidakhan, sondern in Vapi, einer Kleinstadt in Zentral-Indien, etwa 2 Stunden von Bombay entfernt. Es war noch dunkel, doch lichtete sich der Himmel, als Babaji an der Feuergrube Platz nahm.

Ich stand etwas erhöht. Meine Blicke schweiften umher und blieben wie gebannt an den sitzenden Männern hängen, die zusammen mit Babaji die Opfergaben ins lodernde Feuer warfen. "Swaha, swaha", riefen sie im Chor nach jeder Opfergabe.

"Das ist mal wieder die reinste Männergesellschaft", dachte ich. "Keine einzige Frau ist dabei. Babaji, das kannst du doch nicht dulden. Diese Ungerechtigkeit muß abgeschafft werden!" Ich hatte kaum ausgedacht, da hob Babaji den Kopf, drehte ihn mir zu und blickte mich lächelnd an. Dabei nickte er eindeutig mehrmals zustimmend.

Verwundert schaute ich mich um, um mich zu vergewissern, daß er auch wirklich mich gemeint hatte. Gleichzeitig fragte ich ihn innerlich spontan: "Ist Dein Nicken die Antwort auf meine geforderte Gerechtigkeit?" Wieder lächelte Babaji mit einem zustimmenden Nicken.

Ich wußte bereits, daß Babaji Gedanken las, aber es war das erste Mal, daß er es mir so offensichtlich zeigte und mir einen Hinweis auf die kommende Gesellschaftsstruktur gab.

✶

... wir müssen der Einheit noch größere Beachtung schenken und Unterschiede jeglicher Art aus dem Wege räumen ...

✶

Als ich das Büchlein "Babaji spricht" überarbeitete, stieß ich bei den Voraussagen für die Zukunft unserer Welt auf den Satz:

"Die Vernichtung wird durch Erdbeben, Überschwemmungen, Unfälle, Konflikte und Kriege herbeigeführt. Die zerstörerischen Elemente, die von Shri Babaji in Schach gehalten wurden, sind nun entfesselt worden, um ihr Werk zu tun."

Ich wußte, daß Babaji die Elemente beherrscht. Der Gedanke jedoch, daß dieses Wissen zu Menschen mit unrechter Gesinnung gelangen könnte, beunruhigte mich sehr. Während ich noch am Manuskript im Ashramgarten arbeitete, ließen mich einige ungute Vorstellungen, was Babaji alles geschehen könnte, nicht los.

Schließlich ging ich zu ihm, als er am dhuni im Flußtal die Arbeiten beaufsichtigte. Dort angekommen, bedeutete er mir, zu seinen Füßen Platz zu nehmen. Er saß auf einem Mäuerchen. Die Yogis, die das Feuer im dhuni versorgten, hatten für ihn eine Decke auf der Mauer ausgebreitet und ein Leopardenfell oben aufgelegt. Babaji saß in Yogahaltung darauf. Der Schwanz und ein Teil des Felles schauten unter Babajis gekreuzten Beinen hervor. Unverwandt sah er auf den Kailash Berg hinüber.

Als ich dann still neben ihm saß, beunruhigte mich immer noch diese Vorstellung. Sollte ich vielleicht diesen Satz streichen? Babaji wandte den Kopf, schaute mich aus seinen unergründlich tiefen schwarzen Augen an. Dann gab er mir die Antwort: bedächtig nahm er den Schwanz des Leopardenfelles in seine rechte Hand und schlug mit ihm zweimal auf eine Ansammlung von Fliegen, die in einiger Entfernung von seinen Knien auf dem Mäuerchen herumkrochen.

Auch ohne Worte verstand ich die Symbolik dieser Geste.

$$\star$$

Eines Nachmittags stieß ich auf der Tempelseite auf Babaji, der gerade von seinem Bad im Fluß kam. Wir bezeugten ihm unsere Ehrerbietung und gingen langsam hinter ihm her. Meine Blicke umfaßten seine ganze Gestalt und blieben an seinem frisch gebügelten, fußlangen weißen Baumwoll-Lungi (tuchähnliches Gewand) hängen. Es hatte ein Loch von der Größe eines Handtellers. "Baba", sprach ich innerlich zu ihm "so kannst Du doch nicht herumlaufen! Hast Du denn nichts anderes zum Anziehen?" Als Antwort auf meine vorwurfsvolle Frage – er war noch zwei Schritte zum Tempel hin gelaufen – packte er sein Tuch, riß es im Gehen von seinen Hüften und warf es, ohne sich umzublicken, einem von links auf ihn zukommenen Inder zu. Dieser bückte sich freudestrahlend und hob es auf. Bald darauf erschien er mit einem einwandfreien lungi.

$$\star$$

So hatte ich mir den Weg zum Ashram eigentlich nicht vorgestellt. Manche schwierige Situation mußte ich in meinem Leben schon durchstehen. Aber hier war es wohl nicht nur das unwegsame Gelände – Steine ringsum – Steine, kleine und große! Wir wanderten in Turnschuhen. An den Hacken zeichneten sich verdächtige rote Stellen ab. Der Gautama Fluß, hier aus seinem Quellgebiet kommend, war teilweise ein reißend dahinbrausender Strom. Es gab keine Brücken, wir mußten oft durch sehr tiefes oder auch manchmal flaches Wasser hindurchwaten. Erschöpft und hungrig erreichten wir doch unser Ziel, den Ashram. Dort angekommen, riefen bald die Tempelglocken. Es wurde uns geraten, sogleich beim Kirtansingen teilzunehmen. Als darauf schließlich Babaji darshan gab, war ich nicht gerade in Hochstimmung, denn mein Magen rumorte. Da sah ich, wie Babaji zu einer Inderin sprach und dabei in die Menge der wohl über hundert devotees wies. Kurz darauf stand diese Frau neben mir und sagte: "Baba meint, Du und Deine Frau – wir waren damals noch gar nicht verheiratet! – sollen zur Küche gehen. Er hat Anweisung gegeben (dies war sicherlich nur telepatisch möglich), daß ihr Essen bekommt." Tatsächlich erwartete uns in der Küche die Wohltat der Speisung. Ueberrascht und dankbar waren wir überwältigt von seiner Fürsorge und Liebe – und dies gleich zum Empfang!

Zwei Jahre ehe ich zu Babaji kam, hatte ich folgenden Traum: ich lag in einem Grab. Von oben beugte sich ein Mann zu mir herunter und sagte: "OM, ich lege meinen Geist über Deinen Körper!" Dann ließ er sich mit ausgebreiteten Armen direkt auf mich fallen. Seit dieser Zeit hatte ich ein beklemmendes Gefühl und immer, wenn mir dieser Traum einfiel, quälte mich die Erinnerung daran und ließ mich nicht los.

Auch in Haidakhan mußte ich öfters an diesen unheimlichen Traum denken. Dann kam Babaji eines Tages und führte mich von meinem Arbeitsplatz an den Fluß und bedeutete mir, den ganzen Tag über die größeren Steine aus dem Flußbett zu holen. Sie wurden an anderer Stelle gebraucht. Nachdem ich zwei Tage diese Arbeit verrichtet hatte, kam Shastriji, ein alter ehrwürdiger Weiser und Priester, am Vormittag des nächsten Tages an den Fluß. Da er unschlüssig am Ufer stand, so als ob er sich nicht getraue, hinüberzugehen, führte ich ihn über den Strom. Auch dort blieb er stehen, als warte er auf etwas. Und plötzlich war mir mein Traum wieder gegenwärtig.

Meiner Eingebung folgend, erzählte ich ihm die Begebenheit. "Es sei ein böser Geist", antwortete er mir. "Niemand könne mir helfen, ihn los zu werden. Nur das Mantra OM NAMAH SHIVAY hätte die Kraft, ihn zu zwingen, meinen Körper wieder zu verlassen". Ich dankte ihm für diese Auskunft und ging mit schlotternden Knien zurück an meine Arbeit. "Niemand könne mir helfen, nur ich mir selber, und selbst dies sei ungewiß!" Diese Gedanken spukten quälend in meinem Kopf herum. "Wie schrecklich!" Seelisch völlig am Ende schaute ich, in meiner Arbeit innenhaltend, zum dhuni hinüber und sah, daß Babaji geradewegs auf mich zu kam. Niedergeschmettert dachte ich nochmals: "Keiner kann mir helfen!", verwarf jedoch bei Babajis Anblick diesen Gedanken, denn in mir machte sich die Gewissheit breit, daß er doch alles vermöge.

Schon ging ich ihm entgegen. Das soeben Erlebte sprudelte nur so aus mir hervor und ich fragte ihn, ob er mir helfen könne.

Liebevoll schaute er mich an und sagte laut und bestimmt: "Yes!" Daraufhin legte er mir die Hand auf und begann mit lauter Stimme das Mantra OM NAMAH SHIVAY zu sprechen. Während dieses Vorgangs schien sich mein Körper in reine Energie umzuwandeln, auch nahm er eine andere Dimension an. Ich hatte nun die Form eines Eis, durch das von unten nach oben spiralförmig eine Energie floß und eine dunkle Masse nach außen drängte.

Nach diesem Geschehen war mir völlig schwindlig, so daß Babaji mich festhalten mußte. Als ich dann meine Augen öffnete, fiel mir auf, daß sich mein Sehvermögen verbessert hatte: seitdem sehe ich alles viel deutlicher, so daß meine Umwelt auch heller geworden ist.

★

Ein Inder erzählt:

Eines Tages fuhren wir mitten in der Sommerhitze von Haida khan nach Benares im Auto. Wir waren auf zwei Wagen verteilt. Zwischen Benares und Baidyanath, kurz vor einer Brücke mußten wir bremsen, aber die Bremsen funktionierten nicht mehr. So fielen wir eine Böschung von drei Metern hinunter, wobei sich das Auto überschlug. Noch im Fallen riefen wir Sri Babajis Namen. "Dar math!", (fürchtet euch nicht!), hörten wir auf einmal seine Stimme rufen. Dann erschien Hilfe, wir wurden zu einer nahe gelegenen Sanitätsstation gebracht, wo unsere Wunden bald verheilten. Nach acht Tagen wurden wir entlassen und konnten nach Kalkutta heimkehren.

Dort angekommen hörten wir, daß Sri Babaji genau zur Zeit unseres Unfalls schwer erkrankt war und drei Tage mit großen Schmerzen ohne Nahrungsaufnahme im Bett gelegen hatte. Erst nachdem Babaji hörte, daß wir außer Gefahr seien, hatte er etwas zu sich genommen. Wir sind ganz und gar davon überzeugt, daß er es war, der uns gerettet hat.

Lange, lange lag ich krank. Babaji heilte mich. Kein Arzt vermochte das. Ich lag im Bett, als Babajis Antlitz vor mir erschien: "Was ist Dein sehnlichster Wunsch?" fragte er. "Ich würde gern wieder meine Arme bewegen können", antwortete ich.
Heute bin ich gesund.

Bevor ich nach Haidakhan kam, litt ich an einer Rückgrat-Verletzung. Obgleich ich davon nie ein Wort Babaji gegenüber erwähnte, fiel mir auf, wie er mir des öfteren mit seinem Stab, mit dem er immer durch das Flußtal wanderte, den Rücken hinabfuhr. Auch schlug er mir manchmal mit seiner Handfläche kräftig auf die verletzte Stelle ... Eines Tages waren die Schmerzen verschwunden und sind auch nicht wiedergekehrt.

✱

An einem Karfreitag heilte Babaji meinen durch Radioaktivität verletzten Fuß. Jahrelang war ich von Arzt zu Arzt in Deutschland gewandert. Keiner konnte mir helfen. An diesem Tag lag ich gekrümmt vor Schmerzen auf einem Mäucherchen des Ashrams in der Sonne. Babaji kam herbei, blickte mich an und plötzlich, als er schon fast vorüber war, traf mich eine ungeheure Kraft, es war ein Strom, nein, ein elektrischer Schlag, der durch meinen Körper, von Fuß zu Kopf fuhr. Sekundenlang war meine Wirbelsäule in Licht gehüllt und gleichzeitig hatte ich das Gefühl, als ob die jahrelangen starken Schmerzen meines Fußes mit gewaltiger Kraft aus meinem Körper geschleudert wurden.

✱

Ein Inder erzählt:

Die Familie, in die ich geboren wurde, war sehr religiös, es wurden ständig Andachten abgehalten und religiöse Lieder gesungen. Viele heilige Männer kamen zu uns zu Besuch. Meine eigene Gottesvorstellung jedoch war recht abstrakt bis zu der Zeit, als meine Frau erkrankte. Bei einer Operation wurde ihr die Gallenblase entfernt. Die Operation war, wider Erwarten, kein Erfolg. Es gab Komplikationen. Die Chirurgen und Aerzte – die besten in Delhi – konnten sich den schlechten Zustand meiner Frau nicht erklären. Nach zwanzig Tagen war sie dem Sterben nahe.

Meine Mutter und eine Tante, beide Anhänger von Babaji, hatten mir viel von ihm erzählt, aber ihre Erzählungen überzeugten mich nicht. Als der Zustand meiner Frau immer schlechter wurde, nahmen beide selbstverständlich Zuflucht zum Gebet. Während eines solchen hingebungsvollen Gebetes erschien Babaji meiner Mutter und wies sie an, nach Haidakhan zu kommen.

Unterdessen wurde eine weitere viereinhalbstündige Operation an meiner Frau ausgeführt. Dabei stellte man fest, daß die

84

gesamte Bauchhöhle vereitert war, was zu einer Bauchfellentzündung geführt hatte. Eine Gelbsucht mit hohem Fieber und Gewichtsverlust waren die Folge. Antibiotika halfen nicht mehr, auch schmerzstillende Mittel konnten ihr nicht mehr verabreicht werden.

Während ich täglich bei meiner Frau weilte und hoffte, daß sich ihr Zustand bessere, flehten meine Mutter und meine Tante Babaji in Haidakhan ständig an, ihr zu helfen. Eines Tages erwiderte Babaji ihnen: "Ihr seid wie Blutsauger! Ihr wollt, daß ich diese Frau rette. Wißt ihr überhaupt, ob sie an mich glaubt?"

Zurückgekehrt, richtete meine Mutter diese Frage an meine Frau. "Nein, ich glaube nicht an Babaji, nicht im geringsten!", war ihre Antwort. "Aber", so sagte sie, "ich habe großes Vertrauen in euren festen Glauben an ihn".

Zu dieser Zeit hatte meine Frau bereits dreißig Kilo abgenommen. Sie sah aus wie ein Häufchen Knochen. Trotz schwerer Bedenken hatten die Ärzte eine dritte Operation angesetzt. Der Chirurg vertraute auf Gott und auf seine Fähigkeiten. "Wenn ich operiere, dann sitzt Gott auf meinem Zeigefinger!", sagte er. Inzwischen hatten wir ihm von Babaji erzählt und obwohl der Operationstag feststand, verschoben die Ärzte, den Anweisungen Babajis folgend, den Termin auf den von ihm angegebenen Tag. Die Operation dauerte 7 Stunden und 40 Minuten, und wieder gab es eine Komplikation. Die Leber hörte auf, Galle zu produzieren.

Ich schrieb meiner Mutter nach Haidakhan, sie solle in Erfahrung bringen, ob Babaji meine Frau überhaupt heilen wolle. Wenn nicht, so möge sie ein schnelles Ende haben, denn wir, die ihr beistanden, konnten ihr Leiden nicht länger mit ansehen.

Als meine Mutter in Haidakhan diesen Brief empfing, brach sie in Tränen aus. Babaji, der in ihrer Nähe stand, drehte sich um zu ihr und fragte, was sie bewege. Als er von dem Inhalt des Briefes erfuhr, sagte er, sie solle sich die Haare scheren.

Überrascht fragte meine Mutter, ob sie innerhalb eines Jahres so unwürdig und innerlich schmutzig geworden sei, daß sie nur durch mundan gereinigt werden könne. Noch vor zwölf Monaten hatte Babaji es ihr, als sie freiwillig ihr Haar opfern

wollte, verweigert. "Nicht alles, was du tust, tust du für dich!",
war seine Antwort.

Meine Mutter verstand sogleich und ließ sich unverzüglich
unten am Fluß die Haare scheren. Als sie wieder zu Babaji
kam, setzte er ihr seine eigene Mütze mit den Worten auf:
"Hab Vertrauen! Deine Schwiegertochter wird gesunden. Sag
dem Arzt, er soll ihr keine Medikamente mehr verabreichen."
Dies geschah, und es setzte eine sofortige Besserung ein.
Zusätzlich befolgten wir die Anweisungen Babajis. Er hieß uns
täglich eine Flasche mit reinem Leitungswasser in unseren
Meditationsraum zu stellen. Den Inhalt sollten wir der Patien-
tin löffelweise eingeben. Jedesmal, wenn meine Tante ins
Krankenhaus ging und der Kranken diese Flüssigkeit verab-
reichte, stellte sie fest, daß sich das Wasser verändert hatte, es
hatte eine grün-gelbliche Farbe angenommen und sah aus, als
sei es Galle.

Der Zustand meiner Frau besserte sich zusehends, und sie
gesundete vollkommen, als Babaji sich persönlich – d.h. in seinem feinstofflichen Körper – in die Heilung einschaltete. Er
erschien, während eine Krankenschwester bei meiner Frau
saß. Da letztere nicht wahrgenommen hatte, wie Babaji ins
Zimmer getreten war, fragte sie, als sie seiner ansichtig wurde:
"Wer bist Du?"
"Bestimmt kein Schurke! Störe mich nicht!", war die Antwort.

Er näherte sich meiner Frau, streckte seine Hand aus und
führte sie des öfteren über ihren Körper hinweg. Als die
erstaunte Krankenschwester ihn fragen wollte, ob er Babaji
sei, war er bereits verschwunden.

Etwa ein Jahr später bestätigte Babaji in einem Gespräch,
daß er bei meiner Frau im Krankenhaus gewesen war. Ihre
Genesung war für mich ein Wunder. Seitdem bin ich Babaji
überall hin gefolgt.

✱

Als Heilpraktiker erhielt ich eines Nachts aus dem Schweizer
Kantonhospital in Chur einen Telefonanruf. Ein Direktor aus
Basel, der mir aus früheren Heilsitzungen bekannt war, war bei

einer Skitour in den Schweizer Alpen in eine Schlucht gestürzt. Es war operiert und an vielen Stellen seines Körpers genagelt worden. Er beklagte sich über unausstehliche Schmerzen, die selbst durch Morphiumspritzen nicht gelindert werden konnten. Dies gab ihm Anlaß, mich um Hilfe zu bitten, da er inzwischen erfahren hatte, daß ich über Entfernungen hinaus in Notfällen heilen konnte.

Wie sollte ich ihm helfen?

Da dachte ich an Babaji und an eine Begebenheit, geschildert in der "Autobiographie eines Yogis": Babaji wanderte mit einigen auserwählten Schülern durch das Himalaya Gebirge. Ihm schloß sich ein gewisser Yogi an, der aber von Babaji mit der Begründung: "Du bist nicht bereit, mir zu folgen!" nicht angenommen wurde. Daraufhin sagte der Yogi, daß er nun nicht mehr länger leben wolle. "Gut", erwiderte Babaji, "dann spring von diesem Felsen!" Der Yogi gehorchte. Unten lag nun sein Körper, ein Bündel von Fleisch und Knochen. Babaji ließ den Leichnam zu sich heraufbringen, berührte ihn, und der Yogi stand auf, lebend und in bester Gesundheit. Er hatte den Test bestanden und durfte fortan Babaji folgen.

Die Fürbitte für den Kranken wurde durch die Gedanken an diese Geschichte besonders intensiv. Es ging auf Mitternacht zu, und ich betete inständig, daß Babaji meinem Bekannten, der in eine Schlucht gestürzt war, helfen möge. Im Augenblick höchster Konzentration durchfuhr mich ein heller Blitzstrahl und ein glänzendes Licht umgab meinen Körper. Der Raum um mich herum verschwand. Mir blieb nur eine schwache Wahrnehmung meiner Person, während ich von dem wunderschönen Licht umgeben war. Später wurde dieses Licht schwächer. Ich schaute auf meine Uhr. Es war drei Uhr morgens.

Am nächsten Vormittag rief mich mein Freund persönlich aus dem Krankenhaus in Chur an. Er war ganz frei von Schmerzen, obwohl er keine Medikamente genommen hatte. Seine Ärzte betrachteten ihn als ihren "Wunderpatienten", wie er mir später erzählte. Die Gipsverbände wurden früher als gewöhnlich abgenommen. Kein Anzeichen von Knochenbrüchen war mehr zu sehen. Als er aus dem Krankenhaus entlassen wurde, kam er ohne Krücken, um mir einen Besuch abzustatten. Jeder hatte vorher geglaubt, er müsse bis an sein Lebensende auf Krücken gehen.

*

Als ich in Delhi war und Panditji, den Priester des Hanuman
Tempels, besuchte, bemerkte er, daß ich einen steifen linken
Arm hatte. Ich erzählte ihm von einem schlecht verheilten
Bruch. Der Ellenbogen war zu lange in Gips, und dadurch ist
das Gelenk steif geblieben.

"O", sagte er, "da mach dir keine Sorgen. Vertraue auf
Babaji, und höre, wie es mir vor ein paar Jahren ergangen ist:
Ich fuhr eines Tages mit dem Fahrrad durch Delhi. Unterwegs fiel mir ein schlecht sitzender Kanaldeckel auf und plötzlich zuckte mir der Gedanke durch den Kopf, daß mein ebenfalls radelnder Freund vielleicht darüber stürzen könne. Und
da war es auch schon passiert! Aber nicht er stürzte, sondern
ich! Eine Zehe tat mir fürchterlich weh, ich hatte mir den Nagel
abgerissen, und das Schlimmste: mein Arm war gebrochen.

Einige Zeit später besuchten mich Bekannte aus Bombay auf
dem Rückweg von Haidakhan. Sie waren besorgt und fragten,
ob mir etwas passiert sei. Babaji hatte sich nämlich in Haidakhan in ihrem Beisein den Fuß verletzt und dann zu ihnen
gesagt: "O, o, der arme Panditji hat sich verletzt. Fuß und Arm
tun ihm sehr weh." Und im Gespräch stellte sich heraus, daß
Babaji diese Worte zur selben Zeit sagte, als der Unfall passierte.

Der gebrochene Arm wurde gegipst, verheilte allerdings
schlecht. Ich suchte daher einen anderen Arzt auf, der mir auf
der Röntgenaufnahme zeigte, daß sich Speiche und Elle etwas
verschoben hatten und dadurch schief zusammengewachsen
waren. Man sah es auch äußerlich. Der Arzt schlug eine Operation vor, und ich stimmte zu. Allerdings wollte ich zuvor zum
Gurupurnima-Fest nach Vrindaban fahren.

In Vrindaban angekommen, wartete ich inmitten der vielen
Menschen in der Schlange, um Babajis Segen zu erhalten. Es
ging nur langsam vorwärts, und ich trug einen großen Korb mit
Früchten auf der Schulter. Ich übersah dabei, daß eine Stelle
auf dem glatten Marmorfußboden naß war. Plötzlich rutschte
ich aus, schwankte und fiel hin. Dabei versuchte ich noch mit
den Armen in der Luft rudernd das Gleichgewicht zu halten,
was jedoch nicht gelang. Ich fiel hinterrücks, wobei meine bei-

den Ellenbogen hart auf dem Steinfußboden aufschlugen. Wieder tat der Fall sehr weh ...

Das umstehende Volk war ganz entsetzt, es gab Geschrei, daß ich hingefallen war, und man half mir schnell auf die Beine. Auch die Früchte wurden wieder eingesammelt. Babaji rief mich dann zu sich. "Hast Du Dir weh getan?", fragte er und zeigte lächelnd auf meine Arme. Aber in dem Moment spürte ich kaum noch Schmerzen.

Später in Delhi ging ich wieder zum Arzt wegen der Operation. Da einige Wochen verstrichen waren, wurde erneut geröngt. Und nun schüttelte der Arzt ungläubig den Kopf: "Elle und Speiche waren perfekt gerichtet! Es gab nichts mehr zu operieren! Da erst wurde mir die Bedeutung des Sturzes in Vrindaban und Babajis Gnade voll bewußt."

Einmal reiste ich mit einer Familie nach Haidakhan, deren dreizehnjährige Tochter seit ihrer frühesten Kindheit gesundheitlich unter Asthma, Allergien und Hautausschlägen zu leiden hatte. Ihre Beschwerden waren teilweise so schlimm, daß sie sich kaum noch unter Menschen traute. Gegen Erdbeeren, Nüsse und vieles anderes war sie allergisch, und mit Hunden oder Katzen konnte sie nicht zusammen sein, sofort bekam sie Atembeschwerden. Die Hautausschläge bestanden aus großen, aufgeplatzten und eitrigen Wunden. Ihre Eltern hatten weder Mühe noch Kosten gescheut und Ärzte und Heilpraktiker bemüht. Aber Schulmedizin und alternative Heilmethoden hatten bisher wenig und stets nur vorübergehenden Erfolg gebracht.

Konnte Babaji helfen? Diese bange Frage und die Hoffnung auf Heilung bewegte uns natürlich auf dem langen Flug nach Indien und dem Fußmarsch nach Haidakhan.

Als wir total erschöpft in der Abendsonne endlich die hundertacht Stufen zum Ashram emporklommen, begrüßte uns Babaji auf dem Vorplatz des Ashrams. Er lag dort auf der Mauer und schien auf uns zu warten. Kaum hatte er das junge Mädchen, das zum ersten Mal zu ihm kam, erblickt, da rief er schon: "Come!" (Komm!), und kurz darauf sagte er liebevoll: "Baby, I give you a new skin!" (Baby, dir gebe ich eine neue Haut!).

Heute und nach weiteren Besuchen bei ihm sind die Hautprobleme, Atembeschwerden und Allergien des jungen Mädchens ganz zurückgegangen.

Die Ärzte, die den jahrelangen Leidensweg kannten, haben keine Erklärung für diese Heilung!

…"Bist du glücklich, bin ich es auch. Hast du Probleme, habe ich sie auch. Bist du in Frieden, bin ich es auch. Sei glücklich, sei in Frieden und schenke ihn der Welt. Du bist die Welt …"

★

Mystische Erfahrungen

..."**Ich werde euch zur wahren Freiheit führen, so wie ihr sie euch nie habt träumen lassen ...**"

Dic Schwingungen, die von Babaji ausgingen, waren unfaßbar. Sie riefen bei jedem die unterschiedlichsten Wirkungen hervor, die in des Meisters Nähe weilten. Viele wurden so stark erschüttert, daß sie tagelang weinten, andere wurden vorübergehend krank, weil der physische Körper rebellierte. Und dann gab es jene, die in höhere Bewußtseinsebenen gehoben wurden. Nicht nur Babajis Nähe, sondern auch die Kraft des uralten Heiligtums Haidakhan, die energiegeladenen morgend- und abendlichen Andachten, die Hymnen zu Ehren Gottes trugen zu erhöhten Wahrnehmungen bei. Doch war Babajis unmittelbare Nähe zur Erfahrung mystischer Zustände nicht immer nötig. Viele Schüler auf der ganzen Welt können von Begebenheiten berichten, die sie mit Babaji in ihren Heimatländern hatten, bevor sie das erste Mal zu ihm kamen. Träume und Visionen waren die häufigsten Mittel, mit denen der Meister seine Schüler zu sich rief und noch immer ruft.

Bevor ich Babaji das erste Mal in Haidakhan begegnete, hatte ich einige bedeutsame innere Erfahrungen mit ihm. Durch die "Autobiographie eines Yogi" von Yogananda erfuhr ich zuerst von seiner Präsenz. Die Tatsache zu wissen, daß es diesen ewigen großen Menschheitslehrer wirklich gibt, verlieh mir sofort ein tiefes Gefühl von Erlöstsein, wie wenn mein langes Suchen auf festen Grund gestossen sei, mit der Gewißheit: DAS IST ES.

Meine Sehnsucht war groß, ihm zu begegnen. Daß er sich bereits wiederverkörpert hatte, wußte ich damals noch nicht. Ich meditierte und konzentrierte mich auf ihn und plötzlich war da eine vage Erscheinung vor meinem inneren Auge und eine Antwort: "Tu Du das Deine, dann tue ich das Meine!"

Mein Leben veränderte sich von dem Moment an radikal, ich erfuhr mehr Glück, mehr Licht, mehr Liebe.

Ein Jahr später hörte ich, daß Babaji einen physischen Körper angenommen hatte und ich bereitete mich vor, ihn in Indien zu besuchen. Ein paar Monate, bevor es dann soweit war, sah ich mir an einem hellen Sommerabend zusammen mit meinem Mann einen Film im Fernsehen an. Ich konnte der Handlung kaum folgen; ich befand mich in einem merkwürdigen Zustand von Gefesseltsein und gleichzeitig Abgerücktsein. Plötzlich fiel der Ton aus und seitlich neben dem Apparat, aber hoch unter der Zimmerdecke, manifestierte sich die Erscheinung Babajis, als Herr des Universums, im Mittelpunkt von konzentrisch sich ausdehnenden Kreisen.

Die Anziehungskraft dieser Erscheinung war für mich überwältigend. Aber ich war in einer seltsamen Situation, denn mein Mann wollte sich mit mir über den Ausfall des Tons unterhalten. Ich jedoch war sprachlos geworden und fasziniert von Babajis Gegenwart. Gleichzeitig fand der Teil in mir, der noch mit dem Film beschäftigt war, den Zeitpunkt, zu dem sich Babaji mir mitteilte, recht "unpassend", so daß ich mich zwischen zwei Realitäten gespannt sah.

Trotzdem erfuhr ich starken, sich mit den konzentrischen Kreisen ausbreitenden Frieden und einen tiefen Eindruck von dem, was das SEIN ist. Babajis wortlose Botschaft war dann auch: "Du kannst zum reinen Sein gelangen, wenn du bereit bist, alle Leidenschaften aufzugeben." Als die Erscheinung ganz allmählich verblasste, war auch die Tonstörung im Fernsehen behoben!

Als ich dann Babaji das erste Mal in Haidakhan begegnete, und in seine Augen blickte, war es, als ob ich, getragen von einem Ozean an Fürsorge und Liebe durch Welten, durch ganze Universen rase – wie wenn sich die Unendlichkeit auftut.

Das geschah in nur einem Augenblick, und das, was ich erfuhr, hat sich erst hinterher, sozusagen in der Zeit, als Wahrnehmung entfaltet. Erst im Laufe von Stunden danach konnte ich nachempfinden, was wirklich passiert war.

Ich war zutiefst betroffen und aufgewühlt, wie wenn sich das Unterste zu oberst kehrt und umgekehrt, und die ersten drei Tage habe ich nur geweint, wenn ich ihn sah. Ich empfand ein ungeheures Glücksgefühl, meine Kehle schien zu springen, mein Herz überzulaufen, es war eine tiefe Süßigkeit dabei und auch wohltuende Traurigkeit. Ich schien in einem Meer von Tränen aufgelöst in einem unaufhörlich fließenden Strom zu sein.

Ein paar Tage später stand ich oben im Ashramgarten und schaute innerlich ganz erfüllt ins Tal hinunter. Da sah ich Babaji urplötzlich unten am Fluß stehen in einem weißen Gewand. Trotz der Entfernung empfand ich ihn ganz nah und nahm wahr, daß er das ganze Tal füllte. Und da war ein ganz tiefer Eindruck, daß er Liebe, Weisheit und Kraft ist. Es waren nicht nur die Worte dafür in mir, sondern ich habe den Inhalt, die Bedeutung, ihre Essenz sehr stark gespürt und wahrgenommen als machtvolle Gegenwart, als ein Sosein von Qualitäten.

★

..."Ich bin gekommen, um euch Einheit jenseits aller Dualität zu lehren!"...

★

Meine Frau und ich waren gegen Mittag in Haldwani, der letzten Station vor Haidakhan, in einem Hotel angekommen. Babajis starke Anziehungskraft hatte mich trotz gewisser Bedenken hierher geführt. Seit dreißig Jahren befolge ich einen sufischen Weg und ich wollte Konflikten, einem anderen Meister zu begegnen, aus dem Wege gehen. Meine Frau und ich verrichteten das übliche Nachmittagsgebet, als sich plötzlich das Zimmer mit einem ganz gewaltigen Duft erfüllte. Wir fuhren im Gebet fort. Währenddessen wurde der Duft immer stärker. Ja, er wurde so gewaltig, daß ich zu weinen und zu schreien anfing! ... Und dann wußte ich, daß dies die erste Begegnung mit Babaji war. Später erkannte ich diesen seinen typischen Duft an ihm wieder.

Tage später bat ich Babaji, mir einen Namen zu geben. Ich hatte das Gefühl, daß, wenn ich einen Namen von ihm bekäme, meine Beziehung zu ihm noch intensiver werden würde.

Als ich ihn um den Namen fragte, wollte er wissen, ob ich einen islamischen oder einen hinduistischen Namen wolle. Woher wußte er um meinen islamischen Weg? Kein Wort war darüber gefallen. "Einen muslimischen", sagte ich. Noch während seiner Antwort, "er wolle sehen, ob ein Name käme", fuhr es wie ein Blitz in mich hinein. Es war ein ungeheurer Kraftstrom. Im selben Moment gab er mir meinen Namen. Welch eine Erfahrung!

★

Die vielen Bilder und Dias, die ich von Babaji und seinem Ashram eines Abends sah, berührten mich tief. Es waren Fotos, die Babaji in den ersten Jahren seines jetzigen Wiedererscheinens zeigten – von 1970 bis etwa 1974/75 –, als seine physische Gestalt von vollendeter Schönheit und Göttlichkeit war. Er schien sehr asketisch und stets in tiefer Sammlung zu sein. Unter den Fotos war auch das Titelbild eines Büchleins, das vom alten Haidakhan Baba berichtet. Jener gilt als Babaji in seiner vorigen Erscheinungsform und sein Bild, ein Foto aus dem Jahre 1911, versetzte mir spontan einen großen Schock und ich sagte: "O, so darf er mir aber nicht begegnen, – wenn, dann muß er ganz lieb mit mir sein." Auf diesem Bild schaute der alte Haidakhan-Baba wirklich auch unglaublich streng. Ich war voller Abwehr gegen dieses Bild.

Zutiefst vom Babajis Sein angezogen erwachte ich am nächsten Morgen glücklich und mit dem sicheren Gefühl: "Ja, gleich morgen fliege ich zu ihm!". Dieses Wissen und Glücksgefühl hielt den ganzen Tag über an. Der nächste Morgen kam und jetzt konnte ich nicht umhin, mir das furchterregende Haidakhan-Baba Bild nochmals anzuschauen, denn es hatte begonnen, mich anzuschauen. Prüfend ging sein Blick durch Mark und Bein. Wenn am Tag zuvor noch solche Freude und Leichtheit mich erfüllte, doch einfach sofort zu Babaji zu fliegen, so fühlte ich, wie jetzt dieser unerbittliche Blick intensive innere Auseinandersetzungen in mir auszulösen begann. "Darf ich überhaupt zu ihm?", fragte ich mich. Dieser Gedanke rief tiefe Gemütsbewegungen in mir hervor und ich merkte, daß eine Kraft mich machtvoll ergriffen hatte und mich durchschüttelte. Das ging vier Tage lang so. Am zweiten revoltierte ich: "Warum überhaupt dahin fahren, ich kann doch ebenso gut hier in Ruhe, langsam, so gut ich eben kann, weitergehen." Ich wußte, daß alles darauf ankommt, des Göttlichen in mir selbst inne zu sein und mich von dort her führen zu lassen. Doch die Kraft, die an mir arbeitete, ließ nicht locker, ob ich nun das Bild ansah oder nicht, der streng richtende Blick war da und forderte mich aufs Äußerste.

Ich begab mich in Klausur. Mehr und mehr wurde ich mir drastisch bewußt, wo ich unvollkommen und schwach und nicht mit Gott in Einklang war. Ich kam mir schließlich völlig unwürdig vor, Babaji überhaupt zu begegnen.

Wie sehr hatte ich aber während dieser Tage Babaji gebeten, mir doch wenigstens einen Traum zu schicken. Aber nichts kam. Und so kochte ich vier Tage lang. Am Mittag des vierten Tages sagte ich dem Reisebüro, mit dem ich schon verhandelt hatte, daß ich nicht fliege würde. Und doch fühlte ich, daß die Sache noch nicht erledigt war.

Noch einmal ging ich in Klausur. Ganz still. Der Abend kam mit seiner Dämmerung. Wieder sah ich das Bild an und diesmal wagte ich es, ganz tief hineinzugehen in diesen strengen, ernsten, prüfenden Blick. Und siehe, Liebe kam mir entgegen, reine göttliche, tiefe, tiefe Liebe ... nichts als das. Ich war völlig entwaffnet. – Und nun stellte ich meine Frage noch einmal: "Sag, darf ich kommen, ja oder nein?" Da begann wunderbar Babaji's Gegenwart deutlich zu werden im Raum: "Ja, komm! Du darfst kommen, jetzt." Mit meinem inneren Ohr hatte ich das ganz deutlich vernommen.

Daraufhin raste ich sofort – es war fünf Minuten vor achtzehn Uhr – zum Telefon, benachrichtigte das Reisebüro, daß ich doch fliegen würde, und machte einen Impftermin mit dem Arzt aus.

In dieser Nacht hatte ich endlich einen Traum von Babaji. Ich nenne ihn im Vergleich zu einem zweiten, späteren "großen Traum", den "kleinen Traum". Auch er war groß, aber seine Bedeutung ging mir erst später auf.

Ich sah Mandalas, Welten in Form von riesigen, vielgestaltigen kreisenden Bildern. Und ein Bild löste das andere ab.

Mehrfach. Und immer war es so, daß die Mitte des Mandalas durchlässig zu werden begann, und daß dann, geheimnisvoll, wie aus einer anderen Tiefendimension und Ferne kommend, ein Bild darin erschien. Ein Bild von Babaji, sehr wunderbar und jedesmal etwas anderes, doch immer unbeweglich und in tiefer Sammlung asketisch wirkend. Beim letzten Mandala bekam ich im Traum einen richtigen Schock, weil er, der Herr des Mandalas, plötzlich von außen rechts selbst ins Bild getreten war. Erst sah ich nur sein Profil, dann bewegte er sich, drehte sich nach vorn und lachte. – Ich war völlig überrascht und erschreckt darüber, und er sah auch ganz anders aus, nicht mehr asketisch schmal, wie seine Gestalt in der Mitte, sondern rund und voll.

Was mich hier im Traum so betroffen hatte, war offenbar die Tatsache, daß er, der Unbewegliche, der immer in dieser geheimnisvoll leuchtenden Mitte war, nun selbst ins Bild, das vielgestaltig bewegte, bunte Bild, die Welt, die Maya, das Spiel hineingetreten war, sich selbst darin bewegte, agierte und dabei ein ganz anderes Aussehen angenommen hatte.

Erwacht war ich sehr froh, nun endlich von Babaji geträumt zu haben. Aber bezeichnenderweise kam der Traum erst dann, als ich mich bereits durchgekämpft hatte.

Der zweite "große Traum" kam, als ich wirklich und tatsächlich mein Flugticket in der Hand hatte.

In jener Nacht wurde mir etwas geschenkt, da machte ich eine Erfahrung, die so gewaltig war, daß ich es im Grunde nicht beschreiben kann. Es war das größte und tiefste innere Erlebnis meines Lebens bisher. – Auch wenn ich es einen Traum nenne, so war es doch kein Traum, aber es begann wie ein Traum, fing während des Schlafzustandes an und ging dann während des Wachzustandes weiter:

Ich sah mich und zwei Freunde gegenüber Babaji. Er stand vor einer Wand aus Licht und Nichts. Es war die Schwelle zu einer anderen Dimension. – Ich sah jeden meiner Freunde anders darauf reagieren. Ich fragte: "Ja, und ich?"

Angesichts dieser geistigen Schwelle oder Wand zu einer anderen Dimension sah ich mich wie unter Wasser geraten. Ich sah mich richtig unter Wasser wandern. – War Babaji erschrocken darüber, daß ich unter Wasser geraten war? Er schien verantwortlich für mich zu sein. (Erst später wurde mir klar, was es heißt, unter Wasser zu wandern. Das ist, auf der Erde zu sein, nicht mehr in dem Raum zu sein, in dem er ist, sondern hinabgetaucht, im Samsara zu sein.)

Jedenfalls sah ich nun, wie Babaji – wachsam von oben herab – mit seinem Blick durch das Wasser hindurch jedem meiner Schritte folgte. Dabei war sein Blick einem Lichtfinger gleich, der durch das Wasser drang und jeweils meinen nächsten Schritt bestimmte. Es war mein Schritt wie an dem Lichtfaden seines Blickes befestigt. So war mein Gehen unter Wasser nun Schritt für Schritt in seinem Strahl.

Wie geschah es? Plötzlich war ich außerhalb des Wassers. Hatte er mich herausgenommen, zu sich hinaufgehoben? Ganz nah war ich bei ihm, so innig nah, wie eins im Licht, ganz unsagbar war dies - und er schenkte mir ein Märchenbuch. In diesem Buch waren alle meine vergangenen Leben eingezeichnet. Es war außen rot, innen die Blätter waren weiß. Und auf jedem Blatt stand in großen Lettern: SO WAR ES. Und immer auf jeder Seite neu: SO WAR ES. In diese groß über das weiße leere Blatt gezeichneten Buchstaben waren nun ganz klein und fein und genau in allen farbigen Einzelheiten die Ereignisse eines jeden Lebens hineingemalt. In voller Andacht blätterte ich Seite um Seite, und dank seiner Gnade, seiner Gegenwart und Liebe verstand ich alles, erlebte, fühlte, wußte alles, was darin aufgezeichnet war. Wahrhaftig – in dieser Liebe zu sein – ich war zutiefst ergriffen, jenseits alles Worte – und Ausdrucksmöglichkeiten war ich ihm nah, vollkommen innig – atemlos – und ich wußte jetzt: "O, er ist mein Lehrer, ist mein höchstes Selbst, ich wußte, daß er der Lehrer aller meiner Leben ist, und wußte unsagbar tief, daß er der Herr ist, – daß er der Herr ist meines Lebens und aller meiner Leben, – daß er der Herr ist meiner ganzen Existenz.

Tief bewegt und vor Ergriffensein weinend fand ich mich aufrecht im Bett sitzend, und ich wußte gar nicht mehr, wie – im Angesicht dieser Liebe – überhaupt noch länger zu sein, wenn nicht mich verneigend, unendlich verneigend, verneigend … nur dies … wie sonst überhaupt noch länger sein. Am liebsten hätte ich mich einfach aufgelöst.

Der Moment kam, da ich nicht länger mehr zu sein vermochte in der Tiefe, in der Unermeßlichkeit dieser Liebe, dieses Lichtes. Wie von weit draußen her fühlte ich eine Art

Wunsch kommen, wieder mein einzelnes Ich zu sein, und so kam ich langsam wieder zurück. Die aus tiefstes Ergriffensein strömenden Tränen hörten sachte auf.... Lange noch war mein Zimmer in ein sanftes, schwingendes Licht getaucht und erfüllt von einer wunderbaren Stille, bis ich zurückfand in die Nacht und in den Schlaf.

Zehn Tage nach dieser überwältigenden Erfahrung zu Hause, war ich auf dem Weg zu IHM, nach Haidakhan, seinem Ashram in den Vorgebirgen des Himalaya.

Als ich Babaji begegnete, dort in seiner physischen Erscheinung, dem runden Babaji von heute, konnte ich es kaum glauben. Er sah jetzt so anders aus als auf den frühen Fotos, die ich von ihm kannte. Aber bevor ich überhaupt Zeit hatte, mich um seine Gestalt zu wundern, trafen mich seine Augen, seine unbeschreiblichen Augen! Sein Blick berührte mich sofort vollkommen tief. Er ging durch alle meine Knochen. "Ich traf dich, ich kam zu dir nach Deutschland!", dies sagte er zu mir gleich am ersten Abend nach meiner Ankunft.

Obgleich durch diesen Blick zutiefst getroffen, war ich doch durch seine äußere Erscheinung verwirrt und rätselte: "Warum hat sich seine Gestalt so verändert? Warum ist er nicht mehr stets in tiefer Meditation, sondern wie es scheint, in vielfacher Bewegung, irgendwie nah gekommen unserem menschlichen Bereich ...

Während meiner ersten Nacht in Haidakhan, kurz vor dem Einschlafen sah ich plötzlich – als Skizze an der Wand – wieder jenes Profil von Babaji vor mir, das ich in meinem ersten Traum gesehen hatte, als er in das Mandala von außen rechts eingetreten war. Mit einem Mal wurde mir klar: "Das ist ja genau sein Profil von jetzt!" Später ging mir die volle Bedeutung des Mandala-Traumes auf: Gewiß, die große Veränderung in Babajis Erscheinung entspricht in diesem Traum dem Ereignis, als er, der Herr des Mandalas, plötzlich selbst in sein Bild, die Welt hineingetanzt war. Während er ganz hinein tauchte, sich darin bewegte und darin wandelte mit großer Geschwindigkeit, war er nicht mehr der Asket der leuchtenden Mitte, der stets bewegungslos in tiefster Meditation saß, sondern – als ob er auf sich selbst die Schwere dieser Welt genommen hatte und sich unsere Probleme einverleibt, war er rund und dick geworden ... und lachte!

All dies verstand ich noch nicht in dieser ersten Nacht in Haidakhan. Ich hatte nur erkannt, das es wirklich das jetzige Profil von Babaji war, das ich in diesem Mandala-Traum gesehen hatte.

✱

..."Ich bin gekommen, um zu geben, nur um zu geben. Seid ihr bereit zu empfangen? Ich gebe alles, doch wenige sind es, die wirklich nach dem Eigentlichen fragen, warum ich gekommen bin..."

✱

Ich schaute sinnend in meiner Wohnung in Deutschland ein Portrait von Babaji an. Auf einmal stand er leibhaftig vor mir. Ich erschrak bis in die Zehenspitzen. Nachdem die "Vision" vorbei war, fühlte ich neben der Erleichterung den Segen, den er mir durch diese Erscheinung gegeben hatte.

✱

Nach getaner Arbeit ruhte ich mich in meinem Zimmer in Haidakhan aus. Eine andere Schülerin schlief im Nebenzimmer. Ich nickte auch ein und träumte von Babaji. Im Traum blickte er auf die schlafende Frau und bedeutete mir, sie aufzuwecken, um ihr eine Botschaft von ihm zu vermitteln. Dannach verschwand er und ich erwachte. Eingedenk dieser Anweisung trat ich ins Nebenzimmer und fand die Schläferin genau in der Haltung vor, in der ich sie im Traume gesehen hatte. Ich weckte sie, erzählte ihr den Grund und wiederholte Babajis Worte: "Wichtig ist, daß du wenigstens einmal am Tag an mich denkst. Dann werde ich dich leiten und führen!"

Die junge Frau war ganz gerührt von dieser Botschaft und gestand, daß sie sich zur Zeit in einer niedergedrückten Stimmung befand. Diese Worte jedoch gaben ihr neuen Mut.

✸

Babaji erschien mir in einer Meditation als Vision. Ich wußte nichts von ihm. Sein Gesicht zeigte sich lange und intensiv, seine Augen waren durchdringend und glänzend. Seine ganze Gestalt war göttlich anzuschauen und seine Haare glichen bis ins Detail dem Photo, das ich am folgenden Tag in den Händen hielt. Sein Mund sprach lautlose Worte zu mir, dennoch meinte ich, er hätte "come Moy" gesagt. Moy war mein Kosename als Kind. Wenn immer er seinen Mund öffnete, war er innen weiß.

Tags darauf fuhr ich in eine entfernt liegende Buchhandlung, in der ich einige Bilder abnehmen sollte. Dort angekommen, drehte ich an einem der aufgestellten Bücherständer und das Buch "Botschaft vom Himalaya" fiel mir in die Hände. Als ich es aufschlug, erblickte ich darin das Bild meiner Vision! Innerhalb kürzester Zeit war ich bei Babaji, da ich dieses Ereignis als Ruf verstand.

✸

Eine ältere Inderin verspürte nach der Lektüre der "Autobiographie eines Yogi" die unstillbare Sehnsucht, Babaji im Himalaya zu finden. Jahre vor seinem körperlichen Erscheinen in der nun bekannten Form, bekam sie Gelegenheit, ihren Mann auf einer Geschäftsreise in der Gegend von Ranikhet zu begleiten. Dort sollte der legendäre Berg Dronagiri liegen, wo Sri Babaji des öfteren gesehen worden war. Zunächst konnte ihr niemand Auskunft geben, wo dieser Berg zu finden sei. Dann aber, als ihre Sehnsucht und Hingabe immer stärker wurden, ergab sich eine Folge von Umständen, in deren Verlauf sie den gesuchten Berg fand.

Auf dem Wege zum dortigen Devi-Tempel, dem Ziel ihrer Reise, begegneten ihnen zwei sadhus. Intuitiv bat die Frau ihren Mann, den Wagen anzuhalten. Sie glaubte, Babaji in dem älteren der beiden zu erkennen und brachte ihm ihre Ehrerbietung dar. Er bot sich an, sie zum Tempel zu begleiten und sagte, sie solle dort ein puja, eine religiöse Zeremonie ausführen. Sie aber hatte weder etwas für eine derartige Feier besorgt, noch jemals eine solche abgehalten. Als Babaji ihre Verwirrung bemerkte, beruhigte er sie, ihr Kommen sei ihm bekannt gewesen. Alles sei vorbereitet! Und wirklich, sie fand alles so, wie er gesagt hatte. Unter seiner Anleitung konnte sie das puja im Tempel ausführen.

Als sie den Tempel verließen, stieg in ihr der Wunsch auf, die Glocke am Eingang zu läuten, um ihre Freude kundzutun, aber sie hing zu hoch. Noch während sie überlegte, unterbrach Babaji ihre Gedanken: "Du kannst es, läute!". Sie streckte ihre Hand aus und, als sie den Glockenstrang zog, wurde ihr bewußt, daß ihre Füße nicht mehr den Boden berührten. Dann befahl Babaji ihr, wieder herunterzukommen, sie müsse jetzt gehen. "Baba, wann werde ich dich wiedersehen?", fragte sie. "Mein Kind, wenn immer du mit einer solchen Hingabe und Treue kommst, werde ich dir erscheinen!"

1974 traf sie Babaji in seiner letzten Verkörperung als jungen Mann wieder. Er wußte alles über ihre Begegnung auf dem Dronagiri. Sie wollte wissen, ob er wieder dorthin zurückgehen werde. Babaji beschwichtigte sie mit den Worten: "Das spielt keine Rolle, denn, wenn immer du mich mit solcher Hingabe und Treue rufst, werde ich dir erscheinen!"

★

Mein achtjähriger Sohn, der seit seinem fünften Lebensjahr zweimal im Jahr bei Babaji weilte, erzählte mir folgenden Traum: Babaji stand vor einer Erdgrube, in der es von giftigen Schlangen wimmelte. "Stecke Deine Beine hinein und spiele mit ihnen!", sagte er. Mein Sohn fürchtete sich und zögerte. Daraufhin hielt Babaji sein Bein in die Schlangengrube, ließ die Schlangen an seinem Unterschenkel hinuntergleiten und sagte mir: Wer mir das nachtut, wird unsterblich!". Daraufhin folgten mein kleiner Sohn und andere, die um Babaji herumstanden, seinem Beispiel.

✳

Unter "virat darshan" versteht man die Schau göttlicher Gegenwart überall in jedem Gegenstand, in jedem Atom. Es war bekannt, daß Babaji in seiner vorigen Gestalt als «alter Haidakhan Baba» virat darshan gab. Einmal bat ein gelehrter Schüler den alten Haidakhan Baba, ihm virat darshan zu gewähren. Dieser bedeutete ihm, seine Augen zu schließen, bhajans zu singen und nach einer Weile die Augen zu öffnen.

Als der Schüler schließlich seine Augen aufschlug, erblickte er, soweit er schauen konnte, den alten Haidakhan Baba in jedem Objekt. Er sah ihn in seiner so typischen Kleidung mit kurta und topa bekleidet.

Ein ähnliches Erlebnis wurde mir 1971 im Kathgaria Ashram, drei Meilen von Haldwani entfernt von Babaji zuteil. Babaji, drei andere Schüler und ich besuchten diesen Ashram. Zuvor waren wir einige Tage in Delhi gewesen.

Als wir den Ashram gegen Abend erreichten, bückte ich mich, nahm etwas lockere Erde in die Hand und strich sie mir als chandan auf die Stirn. Dann gingen wir weiter zum Tempel des alten Haidakhan Babas. Kaum hatten wir ihn erreicht, als ich Babaji, angetan mit einer kurta und topa, der Kleidung des alten Haidakhan Babas, in jeder Himmelsrichtung, oben, unten, seitwärts und überall da erblickte, wohin meine Augen schauten. Nach dieser inneren Erfahrung wußte ich, daß der alte Haidakhan Baba und der jetzige Babaji ein und dasselbe Wesen waren.

✳

Aus purer Neugier begleitete ich eine Dame zu einem Vortrag, der von einem Schüler Babajis gehalten wurde. Der Vortragende saß bereits in tiefer Meditation. Um nicht zu stören, setzte ich mich leise zu den anderen und hatte genügend Muße, mir den Herrn, der den Vortrag halten sollte, anzuschauen. Nach einer Weile verspürte ich übermaßig viel Energie im Raum. Der Schweiß stand mir auf der Stirn und plötzlich sah ich Babaji in der Aura des Meditierenden. Etwa zehn Minuten lang war er sichtbar.

Mein Interesse war nun aufs Höchste geweckt. Ich erwarb sofort das Buch «Botschaft vom Himalaya», las es in einem Zuge durch und hatte prompt in der folgenden Nacht einen Traum von Babaji:
Ich befinde mich in Babajis Ashram. Gleich werde ich darshan erhalten. Jetzt kommt Babaji in den Raum. Ich bin absolut sprachlos. Solch ein schönes Wesen ist mir bislang noch nicht begegnet. Ich bin wie verzaubert von seiner Schönheit.

Zuerst gibt er einer anwesenden Frau darshan, dann kommt er zu mir. Aus meinem tiefsten Inneren quillt wortlos die Frage hervor:
"Gehöre ich zu dir?"
"Du hast schon immer zu mir gehört!" Ich wollte noch etwas fragen, aber Babaji ließ es nicht zu. Er segnete mich und verließ den Raum.

★

In Haidakhan befand ich mich eines Nachts mit einem Astralkörper in einer anderen Welt. Die ganze Umgebung war nur spärlich erhellt, alles war grau, nirgends war Vegetation zu erblicken. Ich stand auf einer breiten Sandstraße und schaute einigen Straßenarbeitern zu, die einen Kanal unter der Aufsicht eines Vorarbeiters aushoben. Dieser bemerkte mich, drehte sich zu mir herum und ehe ich mich versah, hatte er mich schon gepackt und wollte mir an den Kragen. Im nächsten Moment ließ er, wie von der Tarantel gestochen, von mir ab, denn ich hatte ihm das Mantra OM NAMAH SHIVAY kraftvoll entgegengeschleudert.

Zurück in unserer bekannten Welt, erinnerte ich mich daran, daß Babaji gesagt hatte: "Das Mantra OM NAMAH

SHIVAY ist stärker als tausend Atom- und Wasserstoffbomben zusammen!"

★

Nach einer langen, inneren Durststrecke las ich in einem spirituellen Buch, daß Gott die Menschen unendlich liebt und sie an allen Freuden und Seligkeiten der Himmel teilhaben läßt, wenn sie sich an ihn wenden und ihn lieben.

Tief berührt von dieser Aussage aber gleichzeitig noch müde und zermürbt, bat ich innerlich Babaji, mir zu helfen und den Weg zu weisen.

Wie von selbst konzentrierte ich mich dabei auf mein Herz und erblickte mit meinem geistigen Auge an der Stelle meines Herzens ein Tor aus goldenem, strahlenden Licht, das von zarten Blumen umkränzt war. Ich schritt durch dieses Tor einen Gang hinauf, der ebenfalls aus purem, strahlendem Licht bestand und unendlich weit zu sein schien. Dabei überkam mich eine tiefe Seligkeit, Freude und Verbundenheit mit Babaji, wie ich sie vorher nie in dem Maße erlebt hatte.

Am Ende dieses Ganges aus Licht fand ich einen grenzenlos wirkenden Sternenhimmel vor, der, obwohl es taghell war, mit seinen vielzähligen Planeten leuchtete und schillerte.

Während ich diesen staunend betrachtete, fühlte ich, daß Gottes Liebe überall gegenwärtig ist, auch in mir, einem Teil des Universums. Ein Gefühl des Friedens und der Zuversicht erfaßte mich. Ich streckte meine Hand aus und fühlte, wie Gott mich an die Hand nahm. Endlich war ich in meinem wahren Zuhause, in meinem Inneren angekommen, im Tempel Gottes.

★

Nach der Lektüre des Fischer Taschenbuches "Botschaft vom Himalaya" träumte ich von Babaji. Im Traum saß er etwas erhöht auf einem Podest und sprach durch ein Mikrophon zu unzähligen auf dem Boden sitzenden Amerikanern, von denen ebenfalls jeder ein Mikrophon in der Hand hielt. Ich schaute dem ganzen zu und sagte nach einer Weile mental zu Babaji: "Wenn du wirklich der bist, für den man dich hält, und willst mit mir reden, so mußt du dir schon eine andere Art der Verständigung aussuchen!"

Prompt kam die Antwort: Babaji schickte mir einen weißen Lichtstrahl, daumendick, ins Stirnchakra, der eine unbeschreibliche Glückseligkeit in mir auslöste, die noch nach dem Erwachen den ganzen Tag über anhielt.

Aufgerüttelt durch dieses Erlebnis fuhr ich zu Babaji.

★

Als mir das Fischer Taschenbuch "Babadschi, Botschaft vom Himalaya" in die Hände fiel, studierte ich es eingehend und meditierte darüber. Vieles, was darin geschrieben stand, entsprach meinen inneren Erfahrungen. Auch kannte ich die Bücher von Yogananda und Sri Yukteswar. Als ich mich aber mit dem Buch über Babaji näher befaßte, verlebte ich viele Stunden der Glückseligkeit, die mich ihm sehr nahe brachten. Folglich begann ich von ihm zu träumen. Ein Traum ist mir besonders lebhaft in Erinnerung geblieben:
Begleitet von zwei Personen gehe ich durch einen Wald. Als wir ihn verlassen und auf eine helle, sonnige Wiese umsäumt von hohen Bäumen kommen, bemerke ich auf einmal eine Lichtgestalt, die sich uns mit ausgestreckten Armen nähert. Es ist Babaji, der sich aber sofort darauf in Jesus Christus verwandelt.

Dieser Traum erschütterte mich zutiefst, erinnerte ich mich doch nach dem Aufwachen an Yoganandas Worte:
"Der Mahavatar Babaji steht in fortwährender Verbindung mit Christus, zusammen senden sie Vibrationen der Erlösung aus."

★

Bevor ich meinen Meister, Babaji, traf, war mein Leben dunkel, denn Gott behandelte mich so wie ich ihn. Ohne Babaji wäre meine Seele verloren gewesen. Heute weiß ich, daß ich all das Leid durchstehen mußte, um meine Unwissenheit und Blindheit zu verlieren. Obgleich ich unwürdig war, verstieß Gott mich nicht, sondern führte mich zu sich.

Durch Freunde hörte ich das erstemal von Babaji. Als sie mir ein Foto von ihm zeigten, wußte ich sofort: "Das ist mein Meister!". Dieses Gefühl wurde durch eine Vision kurz vor dem Einschlafen bestätigt:

Wie so oft, wenn ich abends im Bett lag, wanderten meine Gedanken zu Babaji und intensiv wünschte ich mir, bei ihm sein zu können. Meine Sehnsucht war übergroß, als sich auf einmal die Dunkelheit vor meinen geschlossenenen Augen lichtete, es wurde heller und heller und plötzlich stand inmitten dieses strahlenden, intensiven Lichtes Babaji mit zum Segen erhobener Hand. Seine Gegenwart erfüllte mein ganzes Sein mit Glückseligkeit und mit klopfendem Herzen bat ich ihn: "Bitte, verweile noch ein wenig, geh nicht so schnell wieder fort!". Endlich, nach geraumer Zeit löste sich die Lichtgestalt auf und mein Herzschlag, der sich während der Vision erhöht hatte, beruhigte sich langsam. Meine Seele hingegen spürte noch lange die Süße seiner Gegenwart.

Zu jener Zeit hatte ich finanzielle Sorgen. Niemand wollte meine Bilder kaufen und mein ganzes Wesen wurde zu Babaji nach Haidakhan gezogen. Voller Hingabe bat ich ihn innerlich um Hilfe. Dann eines Tages wußte ich, daß er meine Bitte erhört hatte. Dieses Wissen wurde mir in einem Traum vermittelt. Mir träumte ganz klar und deutlich, daß mir ein Flugbillet nach Indien überreicht wurde. Obwohl ich zu diesem Zeitpunkt noch keinen Pfennig Geld für diese Reise besaß, ließ ich mich impfen. Meine Freunde lächelten über mich..... dennoch ließ ich mich nicht beirren. Und wirklich! Kurze Zeit darauf floßen mir aus ungeahnten Quellen Gelder zu, die es mir ermöglichten, nach Indien zu fliegen.

✷

Babaji sprach oft von der Wirkung der ständigen Wiederholung von Gottes Namen, insbesondere von der Rezitation des Mantras OM NAMAH SHIVAY. Nach zahlreichen Aufenthalten bei Babaji war und ist mir dieses Mantra immer gegenwärtig.

Einmal erwachte ich nachts in meinem Bett von einem bedrückenden Gefühl. Als ich die Augen öffnete, sah ich ein großes schwarzes Gesicht über mir, das mich bedrohlich anschaute und mir seine Hände um den Hals legte. Das einzig Lebende an diesem Gesicht war eine rötlich pulsierende Ader ähnlich eines Blitzes, die auf der Stirn dieses Wesens zuckte. Sekundenlang war ich stumm vor Entsetzen, ich wollte schreien, doch blieb mir der Ton im Halse stecken. Zum Besinnen blieb nicht viel Zeit, und schon strömte automatisch und energisch das Mantra OM NAMAH SHIVAY aus mir hervor ... In Sekundenschnelle löste sich der ganze Spuk auf und verschwand. Lange noch lag ich nach dieser Begebenheit wach und sann über die Macht des Mantras nach.

★

Ein indisches Ehepaar erzählte: Seit 1960 hatten wir einen Guru. Unsere Beziehung zu ihm war jedoch getrübt, denn er weigerte sich, uns ein Mantra zu geben. Wie oft argumentierten wir mit ihm darüber. Aber stets erhielten wir die Antwort: "Ihr seid dafür noch nicht reif! Zur rechten Zeit werdet ihr ein Mantra erhalten!"

Einige Jahre später verstarb der Meister, ohne jedoch dieses Versprechen zu erfüllen. Wir waren schmerzlich berührt. Dann hatte meine Frau eines Nachts einen Traum, in dem ihr unser Guru folgendes sagte: "1974 werdet ihr darshan von einem Avatar erhalten! Er wird euch mit Reis und Curry beköstigen!" Unser Guru nannte auch den Namen des Ortes. Aber beim Aufwachen konnte sich meine Frau nur noch an den Anfangsbuchstaben, an "H" erinnern.

Ungeduldig erwarteten wir das Jahr 1974. Dann hörten wir das Gerücht, daß sich ein Mahavatar in Haidakhan verkörpert habe. Dennoch verbanden wir das Gehörte nicht mit dem

Traum. Dann erhielten wir eines Tages durch einen Freund ein Foto von Babaji. Es sprach uns sofort an, und es dauerte nicht lange, bis wir Babaji in Vrindaban aufsuchten, wo er sich gerade aufhielt.

Als wir früh morgens den Tempel erreichten, in dem er weilte, war die Tür geschlossen. Wir öffneten sie zögernd und prallten fast mit Babaji zusammen. Seine Ausstrahlung war so göttlich, daß ich vor Erschütterung anfing zu weinen.

Babaji führte uns in einen Raum und offerierte uns lassi, ein Milchgetränk. Dann schickte er uns mit den Worten, wir sollten am nächsten Tag zum darshan wiederkommen, fort.

Ungeduldig erwarteten wir den folgenden Tag. Kaum waren wir bei Babaji angelangt, als er auch schon in die Küche eilte und eigenhändig Reis und Curry für uns holte.

So erfüllte sich die Weissagung des Traumes.

★

Gewöhnlich hatte ich einen guten und festen Schlaf in Haidakhan. Eines Nachts wachte ich jedoch plötzlich gegen 2.30 Uhr auf. Da sah ich, daß sich auf den zugeklappten Fensterläden des Schlafsaals etwas bewegte. Bei genauem Hinsehen – ich kam ja gerade nichtsahnend aus dem Schlaf – war es Babaji, der sich langsam von mir wegbewegte, gleichsam im Zeitraffer-Tempo. Und zwar diente ihm der Fensterladen als Projektionsfläche wie bei einem Bildschirm. Das Bild war auch ähnlich gekörnt wie bei einem alten Schwarz-Weiß-Fernseher. Völlig fasziniert sah ich diesem kleinen Film zu, bis er nach vielleicht zwei Minuten vorbei war. Dabei war ich mir aber vollständig bewußt, daß ich wirklich hellwach war, denn vorsichtshalber hatte ich mich ein paar mal in den Arm gekniffen. Ich hatte keine Halluzinationen und träumte also nicht! Ich wußte auch, daß es reale Fensterläden waren, denen ich gerade zuschaute. Und gleichzeitig erkannte ich, daß da etwas anderes, mir Unfaßbares ablief. Baba hatte die Materie einfach um-materialisiert!

Von den übrigen sechs oder sieben Schläfern im Saal bemerkte niemand etwas von diesem Vorgang. Alle schliefen seelenruhig weiter.

Wie um mich nicht doch noch über die Deutung meines Erlebnisses im Zweifel zu lassen; erwachte ich genauso in der folgenden Nacht. Diesmal jedoch wandelte Baba in weißem Gewand auf einem Fensterflügel durch eine Landschaft, während ihm auf dem anderen Flügel ein zweiter Heiliger, der genau wie er bekleidet war, begleitete.

Auch diese Szene dauerte etwa zwei Minuten. Dannach waren nurmehr die beiden Holzflügel zu sehen, so sehr ich mich auch bemühte, den Film wieder "einzuschalten".

★

Als Babaji sich mit vielen Schülern in Kalkutta aufhielt, wies er eines Morgens alle Anwesenden darauf hin, daß über Nacht auf dem Haupt des 92jährigen alten, glatzköpfigen Vaters des Gastgebers, sich das Zeichen "OM" geformt habe, der Urlaut, aus dem die ganze Schöpfung hervorgegangen sei.

Alle sollten dieses Zeichen genau betrachten und sich von dem Greis segnen lassen. Als ich das hörte, war ich erstaunt, hatte ich mich doch mit diesem gottesfürchtigen Mann, der, stets ein Mantra auf dem Lippen, der Welt ganz entsagt hatte, des öfteren unterhalten. Dabei war mir seine glänzende Glatze aufgefallen, aber ein Zeichen war nicht darauf zu sehen gewesen.

Babaji hieß den alten Mann, sich auf eine Matte neben seinen erhöhten Sitz zu setzen. Und jeder, der Babaji seine Ehrerbietung erwies, kam nicht umhin, das bläuliche OM Zeichen, das etwa 10 cm groß war, auf dem Haupte des Greises zu sehen.

Acht Tage später, als wir abreisten, war das OM Zeichen noch deutlich sichtbar und soll noch monatelang zu sehen gewesen sein.

★

Auf Babajis Wunsch wurde zu Weihnachten im Ashram der Shiva-Tempel von italienischen Schülern festlich hergerichtet.

Hier waren echte Künstler am Werk. Es war alles wie ein Traum. Noch nie hatte ich eine solche erhebende weihnachtliche Stimmung erlebt. Doch der nächste Tag übertraf noch das Erlebnis des Heiligen Abends.

Im Freien war ein großes Zelt aufgestellt. Babaji zelebrierte in einer prachtvollen Feuergrube ein yagna. Wenn ich auch in einiger Entfernung saß, konnte ich genau den Verlauf verfolgen. Es war ein göttliches Bild! Während bei strahlendem Sonnenschein gemeinsam „swaha" – ich opfere – im Rhythmus gesprochen wurde, sah ich bei Babaji, etwa in der Gegend des Sonnengeflechtes, ein überaus helles, weißes synthetisches Licht. Es blendete fast. Als meine Augen schräg nach rechts oben blickten, sah ich dort ebenfalls ein hell-blendendes Licht, den Glanz der Sonne schier übertreffend. Als ich dieses Licht noch tiefer erfassen wollte, konnte ich darinnen eine Gestalt sehen, die ich als JESUS CHRISTUS erkannte. Diese Erscheinung, etwa fünfzig Meter rechts oben von Babaji entfernt, strahlte ebenfalls wie Baba blendendes Licht aus ihrer Mitte aus. Während das Feuer loderte und Baba in seiner ruhigen Art agierte, schwebte die Gestalt des Avatar Jesus ganz langsam nach links zu Babaji hin. Schließlich stand sie etwa drei Meter über ihm, so daß beide grelle Sonnen übereinander standen. Die obere Sonne senkte sich nun allmählich herab auf Babaji, bis beide Lichtsonnen völlig eins waren. Damit war die Gestalt des Christus nicht mehr da. Fast hielt ich den Atem an. Ich war in einem Zustand der Entrückung. Und doch sah ich wie Babaji gelassen, wie es seine Art ist, ganz nach innen gerichtet, weiterhin die Feuerzeremonie zelebrierte. Dabei hörte ich die Worte, die ich so übersetzen möchte: "Die Geburt des Avatar Jesus hat für die Menschen nur dann Bedeutung, wenn die Geburt im eigenen Inneren stattfindet. Nur dann ist es die Lichtgeburt!"

Nun drängte sich mir die Frage auf, was Babaji damit bewirke. Meine Antwort war: Babaji ist das Licht – und er bewirkt die Reinigung in uns, daß diese Geburt in uns geschehen kann!

Noch lange verharrte ich in diesem Zustand und in dem Bewußtsein, daß ich mit diesem Erlebnis den Höhepunkt meines Ashramaufenthaltes erfahren hatte!

Nun wollte ich aber noch gerne eine Bestätigung von Babaji selber haben; denn ich wollte ihn fragen, ob diese Vision womöglich die Reflektion meines eigenen Wunschdenkens gewesen sein könnte. Beim darshan nahm ich mir vor, nicht die Augen zu senken, vielmehr Babaji voll anzusehen mit der gedanklichen Frage: "Babaji, war diese Vision echt?" So geschah es auch. Babaji sah mich sehr gütig an, väterlich und mütterlich zugleich, nickte dann langsam wie zur Bestätigung, und dann sah ich plötzlich in jedem seiner Augen glühende Feuerräder, die sich immer schneller drehten und in mich eindrangen, immer tiefer. Es kam mir vor, als ob mein Herz glühend wurde. Es fiel in diesem "Segensbad" unendlich viel von mir ab. Ganz beglückt durfte ich erkennen, daß meine Verehrung nicht genügte. Mir wurde klar: "Gott in ihm will geliebt werden." Das war wohl das ergreifendste Erlebnis in meinem Leben! Ich fühlte, daß die Liebe, die sich in Babaji offenbarte, mich von Grund auf veränderte.

Am gleichen Abend hörte ich, wie Babaji Folgendes ansagen ließ: "Einige unter euch werden Erscheinungen von Christus haben. Nehmt sie als ein geistiges Geschenk an!"

Lange habe ich dieses Geschenk in mir gehütet. Es ist mir heilig. Nun aber gebe ich dieses Geschehen – auf den Rat mehrerer Schüler – an die Allgemeinheit weiter.

Seit meiner Kindheit ist mir der Weg des Yoga vertraut. Meine Eltern waren Schüler von Paramahansa Yogananda und meine Geschwister gingen denselben Weg. Als ich achtzehn Jahre alt war, reiste ich nach Kalifornien in das von Yogananda ins Leben gerufene Selfrealisation Fellowship Centre. Während der acht Jahre, die ich in seinem Ashram verbrachte, hatte ich des öfteren Visionen von ihm und eine von Babaji. An die zuletzt genannte Begebenheit erinnere ich mich besonders. Sie fand statt, als ich Schwierigkeiten in praktischen Angelegenheiten des Ashrams hatte.

In tiefster Not bat ich Yogananda um ein besseres Verstehen und um Klarheit für die bestehende Situation, als plötzlich Babaji vor mir stand. Er erschien als Lichtgestalt und hielt seine Hand segnend über mich. Voller Hingabe verneigte ich mich im Geiste vor ihm. Danach lösten sich die Schwierigkeiten auf, sie verschwanden, als hätte es sie nie gegeben. Natürlich bewegte mich die Frage, warum Babaji anstelle von Yogananda erschienen war. Zu letzterem hatte ich eine viel engere Beziehung. Dann wurde mir in zahllosen Meditationen klar, daß es stets Babaji gewesen war, der mich all die Jahre geführt, gelenkt hatte. Als ich dann das Fischer Taschenbuch "Babadschi, Botschaft vom Himalaya" in den Händen hielt und Babajis Bild sah, empfand ich dieselbe innige Zuneigung und Hingabe wie vor zwanzig Jahren bei seiner Vision. Selbstverständlich wollte ich ihm nun persönlich begegnen.

Kurz vor der Abreise nach Indien wurde ich während einer Meditation in eine andere Dimension gehoben. Meine Umwelt versank vor meinem inneren Auge und ich sah, wie sich allmählich ein Paar Füße vor mir materialisierten. Es waren die Füße eines jungen Mannes. Um seine Hüfte war ein weißes Tuch geschlungen. Die Schwingungen, die dieses Geschehen begleiteten, bewegten mich derart, daß ich keine Worte dafür habe.

Später in Indien, als ich Babaji in seinem physischen Körper sah, erkannte ich diese Füße wieder und die Art, wie er seinen lungi, sein Hüfttuch, um sich wickelte.

Auf dem Fluge nach Indien wurde mir noch eine Vision zuteil. Babaji und Yogananda zeigten mir jeweils nur eine Hälfte ihres physischen Körpers. Es sah aus, als seien ihre Leiber in zwei Hälften geschnitten, die sich dann zu einem Wesen vereinten.

Nach meiner Ankunft in Delhi reiste ich sofort nach Vrindaban, wo Babaji derzeit weilte. Als ich ihn das erstemal mit meinen physischen Augen sah, saß ich mitten unter anderen Anhängern in einem Tempel. Alle sangen das Mantra OM NAMAH SHIVAY. Dann erschien Babaji. Er setzte sich in einen wunderschönen mit gelben Blumen geschmückten Sessel und, wie er so über die anwesende Menschenmenge schaute, entdeckte er mich, den Neuling, sofort.

Um Babaji ein wenig zu erfassen, beobachtete ich ihn genau, wie er seine Anhänger segnete, während sie sich vor ihm verneigten und sah, daß er an einige prasad verteilte. Während ich noch staunend schaute, verdoppelte sich Babaji. Sein genaues Ebenbild stand neben dem sitzenden Babaji und von dieser Gestalt, die aus einer feineren Substanz zu sein schien, leuchtete ein zart bläulicher Strahl hervor. Dieser schien auf mein Herz gerichtet zu sein. Eine Glückseligkeit jenseits aller Worte durchführ mich.

Eine Woche lang blieb ich in Vrindaban in Babajis Nähe. Dann fuhr er zurück nach Haidakhan. Ich durfte ihm folgen.

✱

Am Nachmittag hatte ich Wäsche am Fluß gewaschen und ging mit meinem Sohn die Stufen zum Ashram hoch. Oben angekommen sah ich Babaji auf der Terrasse, nur wenige Schritte von mir entfernt, von vielen Menschen umringt, stehen. Gebannt schaute ich zu ihm hinüber, stellte meinen Eimer mit der sauberen Wäsche in einiger Entfernung ab und bemerkte, daß meine physischen Bewegungen langsamer, unbeteiligter als normal abliefen. Dieses Bewußtsein wurde noch verstärkt, als mein kleiner Sohn, der neben mir stand, meinen linken Arm ergriff, ihn hochhielt und sich spielerisch darunter stellte. Aber dieser Arm gehörte mir nicht, er gehörte zu einem fremden Körper. Ich war außerhalb meines Körpers und schaute Babaji in dieser ungewohnten Situation hilfesuchend an.

Ich sah noch, wie Babaji behenden Schrittes sich aus der Menge löste ... Schon stand er neben mir. Er ergriff meine Hand, die meines Sohnes und wieder meine andere Hand. So standen wir drei und formten einen Kreis ... Und in mir bildeten sich langsam die Worte: Shiva, Shakti, Maya! Danach kam ich ins alltägliche Bewußtsein zurück.

✱

Am Samstagmorgen, den 11. Februar 1984, also drei Tage vor Sri Babajis Mahasamadhi erwachte ich und sagte zu meinem Mann: "Heute Nacht traf ich Babaji im Schlaf. Ich hörte ihn ganz deutlich. Auf Englisch sagte er zu mir: Ich muß jetzt alleine sein! Ich werde zurückgehen ... Ich werde diese Welt verlassen!". Zu diesem Zeitpunkt verstand ich den Sinn seiner Worte nicht.

Am 14. Februar feierte ich mit meinem Mann Valentinstag. Ich fühlte mich jedoch nicht wohl und sagte zu ihm: "Was ich wirklich möchte, wäre, jetzt bei Babaji zu sein." Es war das erste Mal, daß ich so etwas zu ihm sagte. Noch an diesem Tag wurde ich so krank, daß ich glaubte, sterben zu müssen.

Am folgenden Morgen, als ich erwachte, erfuhr ich, daß Sri Babaji am 14. Februar seinen Körper verlassen hatte ...

✶

In der Nacht nach Babajis Mahasamadhi wachte ich plötzlich auf und hörte eine zarte Frauenstimme in unserem Meditationszimmer OM NAMAH SHIVAY singen. Zuerst glaubte ich, ich träume, aber nein, selbst als ich mich aufrichtete, hörte ich diesen Gesang. Dann glaubte ich, meine Freundin, die gerade zu Besuch war, würde im Nebenzimmer singen. Das war die einzig mögliche Erklärung. Am nächsten Morgen fragte ich sie, ob sie im Nebenzimmer gesungen hätte. "Nein", antwortete sie, "ich war die ganze Zeit in meinem Zimmer und habe auch nicht gesungen, sah aber in einer Vision, wie Babaji geschmückt mit Sandelholz- und Rudraskhketten in einem tiefen Atemzug die Ketten sprengte, sich aus seinem Grab erhob und mir zurief: "Ich bin nicht tot, ich lebe!"

✶

Physisch habe ich Babaji nicht gesehen, erst ein halbes Jahr nach seinem Mahasamadhi fuhr ich nach Haidakhan. Der erste Tag war sehr verwirrend für mich und ich war überwältigt von den vielen Eindrücken, sowohl von der Kraft des Ortes als auch von den Menschen und den äußerlichen Dingen, die dort geschahen.

Das alles klärte sich für mich schlagartig am zweiten Abend.

Ich saß abends nach dem Aarti noch etwas im Freien. Es war

gegen zehn Uhr und eine helle Vollmondnacht von unglaublicher Schönheit. Ich konzentrierte mich auf das Mantra OM NAMAH SHIVAY – und plötzlich hatte ich darshan von Babaji ... nicht mit den Augen sondern mit den Ohren. Das Mantra schien mit einem Mal in einer wunderbaren Weise mit seiner Vibration das ganze Tal auszufüllen. Ich begriff, daß dieser Klang alles ist, und ich begriff auch, daß Babaji dieser Klang ist und daß dieser Klang alles durchdringt.

Würde man dieses Phänomen physikalisch beschreiben, so war OM NAMAH SHIVAY eine unglaublich hohe Schwingung, Frequenz, die in allen Dingen vibrierte.

... Haidakhan Vishwa Mahadam ist gegenwärtig der heiligste Ort auf Erden, heiliger selbst als Benares. Das Wasser des vorbeifließenden Gautama Ganges reinigt euch von aller Schuld. Von Haidakhan Vishwa Mahadam aus wird die ganze Welt gesegnet ...

ABSCHIED VON BABAJI

Am 14. Februar 1984 verließ Babaji seinen physischen Körper. Für viele seiner Schüler war es ein großer Schock. Andere wiederum hatten damit gerechnet, denn in den letzten Monaten und Wochen hatte er wiederholt sein baldiges Gehen angekündigt.

"Ich werde bald auf eine große Reise gehen, auf der ihr mich nicht begleiten könnt ..." und "das Spiel ist beinahe zu Ende, wenig Zeit verbleibt noch und dieses Wenige ist fast schon vorüber!". Während der letzten acht Wochen seines physischen Daseins häuften sich solche Bemerkungen.

Niemand, auch nicht die engsten Schüler, konnten oder wollten diese Andeutungen wahrhaben. Sie verstanden auch nicht, warum Babaji in der letzten Zeit häufig das Lied "Sita Ram, Sita Ram, bolo pyare" singen ließ. Es ist ein Begräbnislied in Indien.

Am 13. Februar nahm die Vorankündigung konkrete Formen an. Babaji klagte über Schmerzen in der Brust. Oftmals hielt er ein Sri Yantra, ein Basis-Kosmogramm an sein Herz und sang dabei Hymnen der Hingabe an Gott von Mira Bhai, einer Heiligen des 14. Jahrhunderts.

Dennoch saß er an diesem Tage inmitten seiner Schüler und einiger Besucher, blickte lange schweigend auf eine Weltkarte und blätterte im tiefsten Ernst in einem Bildband über Hiroshima, den ihm jemand mitgebracht hatte. In der Stille, die um ihn herum eingetreten war, hob er plötzlich den Kopf und nahm mit folgenden Worten nochmals Bezug auf die kommende allumfassende Umwälzung dieser Erde, auf die er so oft hingewiesen hatte:

"Die Zerstörung muß sein. Aus zwei Gründen: weil die Menschen nur noch an "Ich" und "Mein" denken – das ist nicht die Wahrheit, nicht der Weg, nicht die Liebe – und weil jeder groß sein möchte und niemand mehr klein sein kann!"

Mit einem tiefen Seufzer hatte er sich wieder in seinen Stuhl zurücksinken lassen und fügte noch mit weicher, fast unhörbarer Stimme hinzu:

"Deshalb ist sie unabänderlich!"

Am Abend des gleichen Tages sprach er seine letzten Worte:

"Mein Herz ist gebrochen, verwundet von tausend Messern. Und ich habe nur ein Herz, um das Leid der ganzen Welt zu tragen. Mein Körper hat tausend Wunden und niemand ist da, um mich zu heilen. Warum – o warum? Mond, Sonne und Sterne sind alle in mir und ich trage die Last des ganzen Universums!"

Am nächsten Morgen schließlich flüsterte Babaji in den Armen eines Schülers: "Nun muß ich meinen Körper verlassen!"

Eine Stunde, nachdem Babaji sein Herz zum Stillstand gebracht hatte, spiegelte sich dieses Ereignis beeindruckend in der Natur wider: es schien, als ob die Natur mit allen Wesen ihren Atem anhielt. Die zahlreichen Vögel in Haidakhan verstummten für einige Stunden, der Wind ruhte und eine gewaltige Stille legte sich bleiern über das ganze Tal. Am folgenden Tage war der Himmel mit dichtem Nebel und grauen Wolken verhangen. Diese unübliche Witterung klärte sich erst, als Anhänger aus allen Teilen der Welt versammelt waren: die Sonne brach hervor und schien im gleißendsten Licht. Kurz danach tobte ein Sturm mit Donner und Blitzen. So etwas hatte es noch nie in dieser Jahreszeit in Haidakhan gegeben. Aufgewühlt in ihren Höhen und Tiefen schien die Natur Künderin der Zeiten, von denen Babaji gesprochen hatte ...

In Wirklichkeit ist Mahavatar Babaji nicht von uns gegangen. Er hat nur eine andere Form angenommen, die unsere physischen Augen nicht erblicken können. Es ist, als ob er sich verberge, um schließlich in jedem Herzen neugeboren aufzuerstehen.

"Ich bin überall, in jedem Atemzug!"

Das Vermächtnis Babajis an diejenigen, die ihm nahe waren, sprach er noch wenige Tage vor seinem Weggang aus:

Liebe die ganze Menschheit!
Hilf allen Lebewesen!
Sei glücklich! Sei höflich!
Sei eine Quelle unerschöpflicher Freude!
Erkenne Gott und das Gute in jedem Gesicht!
Kein Heiliger ist ohne Vergangenheit,
kein Sünder ohne Zukunft.
Sprich Gutes über jeden!
Kannst Du für jemanden kein Lob finden,
so lasse ihn aus Deinem Leben gehen!
Sei originell! Sei erfinderisch!
Sei mutig! Schöpfe Mut – immer und immer wieder.
Ahme nicht nach! Sei stark! Sei aufrichtig!
Stütze Dich nicht auf die Krücken anderer!
Denke mit Deinem eigenen Kopf!
SEI DU SELBST!
Alle Vollkommenheit und Tugend Gottes sind in Dir
verborgen – offenbare sie!
Auch Weisheit ist bereits in Dir – schenke sie der Welt!
Lasse zu, daß die Gnade Gottes Dich freimacht!
Lasse Dein Leben das einer Rose sein,
schweigend spricht sie die Sprache des Duftes.

Sri Babaji (Februar 1984)

Wörterverzeichnis

Aarti	Lichtzeremonie, Teil der religiösen Andacht
Asan	erhöhter Sitz
Avatar	göttliche Inkarnation
Bhajans	religiöse Lieder
Chandan	Sandelholzpaste zum Bestreichen der Stirn als Teil des hinduistischen Ritus
Darshan	Segnung, Begegnung mit einem Heiligen
Devotee	Schüler, Anhänger
Dhuni	rituelle Feuerstelle
Haidakhan	Ort im Vorgebirge des Himalaya; Nähe Haldwani, Wohnsitz Babajis
Haidakhan Baba	frühere Inkaranation Babajis bis 1922
Havan	Feuerzeremonie
Kali Yuga	heutiges dunkles Zeitalter
Kriya Yoga	kontemplative Atemtechnik
Kurta	langes Hemd
Lila	(göttliches) Spiel
Mahasamadhi	bewußtes Verlassen des Körpers großer Heiliger
Mantra	Gebetsformel
Mala	Gebetskette
Maya	Weltillusion
Mudra	rituelle Geste
Mundan	Tonsur
Omnamah Shivay	(Mantra) "Herr, Dein Wille geschehe"
Prasad	gesegnete Speise
Puja	rituelle Andacht
Rama	Held des Ramayana Epos
Sadhu	Wandermönch
Sanatarna Dharma	ewig göttliches Gesetz
Shakti	göttliche Energie, weiblicher Aspekt der Gottheit
Shastri	Schriftgelehrter, Priester
Shiva	hinduistische Gottheit
Shiva Nataraj	Shiva als König des Tanzes
Svaha	Ausspruch: "Ich opfere"
Sita-Ram	Hauptfiguren des Ramayana Epos,

Topa	Symbol der Einheit der männlichen und weiblichen Energie, Inkarnation Vishnus und Lakshmis Kopfbedeckung
Yagna	Feuerzeremonie
Yogananda	bekannter Yogi, Autor der "Autobiographie eines Yogi"

BABADSCHI
Botschaft vom Himalaya

von Maria-Gabriele Wosien, 4. Auflage 1990, mit zahlr. Abbildungen, 120 S., 11,5 x 18,5 cm, ISBN 3-926388-00-5   DM 16,80

Wir befinden uns an der Schwelle zu einem Neuen Zeitalter - wie viele glauben, oder am Abgrund der endgültigen Vernichtung der menschlichen Rasse - wie andere fürchten. Tatsächlich kann nur noch ein radikaler Wandel des Bewußtseins das "Ruder herumwerfen" und das Raumschiff Erde einer sicheren Zukunft entgegensteuern.

An solchen Wendepunkten der Geschichte wird dem Menschen aus anderen Seinsbereichen auch immer verstärkt Hilfe zuteil. Viele große Seelen inkarnieren sich, um den verirrten Menschen den Weg aus dem drohenden Chaos zu weisen.

Babadschi gilt als ein Avatar, d. i. eine Verkörperung des Göttlichen selbst. Avatare erscheinen selten, und immer nur dann, wenn nur das direkte Eingreifen des Göttlichen selbst den Lauf der Geschichte ändern kann.

Babadschi gilt als die Inkarnation des Gottes Schiwa, des großen Zerstörers und Erneuerers. Yogananda spricht in seiner "Autobiographie eines Yogi" von ihm als dem großen Führer der Menschheit im Verborgenen. Welchen Weg werden die Menschen wählen?

BABAJI spricht: Prophezeiungen und Lehren

2. Auflage 1990, 190 S., 6 Fotos, 11,5 x 18,5 cm, ISBN 3-926388-03-X,   16,80

Dieses Buch enhält Ansprachen Babajis an seine Schüler. Sie beinhalten Weisungen, Prophezeiungen und Lehren und sind allgemeingültig für die gesamte Menschheit.

Shri Babaji sagte, daß der Menschheit am Ende des Kali Yugas, des "dunklen Zeitalters", des Überhandnehmens des Materialismus und des Zerfalls geistiger Werte, große Gefahren bevorstehen. Er prophezeite Zerstörungen in großem Ausmaß und Sterben von unzähligen Menschen für dieses Jahrzehnt; aber auch, daß alle diejenigen gerettet würden, die im Einklang mit dem kosmischen Gesetz lebten, die wahrhaftig Gott - in beliebiger Form - verehren und seine Namen preisen.

So ist es das Anliegen Shri Babajis, die Menschheit zurückzuführen zum Ursprung ihres wahren Seins: zur Menschlichkeit.

Leben aus dem Sein, Ein Buch über Babaji

von Radhe Shyam, 400 S., 17 Fotos, 15x21 cm, ISBN 3-926388-08-0   29,80

Der Autor berichtet über Leben und Wirken von Babaji, dem Meister vom Himalaya, und zeigt uns die Essenz der Lehre dieses Meisters: Die Umkehr als Weg. Jeder Einzelne ist aufgerufen, dazu beizutragen, daß der göttliche Plan - die harmonische Entfaltung der Schöpfung - seine Erfüllung finde. Für die entscheidende Aufgabe der kommenden Jahrzehnt weist die Gestalt und das Beispiel des Meisters den Weg: Die Selbstfindung des Menschen ist Verwirklichung des Göttlichen in seiner Schöpfung.

Radhe Shyam, der lange Jahre in Haidakhan den Ashram organisatorisch leitete, hat hiermit ein umfassendes Standardwerk über Babaji geschaffen.

Babaji - Am Quell der Wahrheit in Haidakhan Vishwa Mahadham

von Shdema Goodmann, 2. Aufl. 1991, 144 Seiten, 7 Fotos, 11,5 x 18,5 cm, ISBN 3-926388-08-0   DM 16,80

Die Autorin, bekannt durch ihre psychotherapeutischen workshops in den United Nations, schildert ihre Besuche bei Babaji mit großer Intensität und Offenheit. Ihre innersten Erlebnisse, humorvoll dargestellt, berühren den Leser und lassen ihn teilhaben an ihren Erfahrungen.

"Das Licht, das Babaji umgab, wurde stärker und stärker, sein Körper schien beinahe durchsichtig zu sein, fast wie eine Silhouette. .. Licht strömte aus seiner Gestalt, und dieses Licht schien die Aktivitäten ringsum zu dirigieren... Es war, als ob Wasserfälle aus meinen Augen ergossen, während ich ständig wiederholte: "Bitte öffne mein Herz - mein Herz ist so verschlossen."... Jeder Blick auf Babaji und das Licht, das ihm umgab, führte meine Erfahrung in eine tiefere Schicht. Licht war um mich, göttliches Licht. Ich badete darin."

Ich bin Du, BABAJI, Botschaften des Meisters vom Himalaya

Maria Gabriele Wosien (Hrsg.)
4. Auflage 1992, 118 S., 11 Fotos, 11,5 x 18,5 cm, ISBN 3-926388-23-4   16,80

Ein authentischer Querschnitt durch die wichtigsten Reden, Lehren und Prophezeiungen Babajis, den viele Menschen als Avatar verehren, erweitert durch eine kurze Einführung in Leben und Werk dieses Meisters.

Das Buch des Lebens

v. Radha-Magdalena Bambeck
2. Auflage 1991, 120 S., Leineneinband mit Goldschrift, Fadenheftung, 11 x 15,5cm   ISBN 3-926388-13-7   DM 19,80

Dieses Buch ist empfangen aus dem Göttlichen. Es enthüllt dir sein Wesen nur, wenn du bereit bist, dein Inneres zu öffnen. Seine Essenz läßt sich nicht mit kritisch-analytischen Gedanken erfassen, aber einem geöffneten Herzen quellen die inneren Reichtümer dieses Buches entgegen.

"Babaji-Von Herz zu Herz"

von Gertraud Reichel (Hrsg.), 1. Auflage 1991, 230 Seiten, 15x21 cm,
ISBN 3-926388-20-X   DM 24,80

Die Berichte aus Europa, Afrika und Amerika sind Teile der Erfahrung,
die viele Menschen aus allen Teilen dieser Welt in dem kleinen Dorf Haidakhan - Wohnsitz des legendären Babajis am Fuße des Himalayas - mach-
ten. Jeder einzelne wurde individuell geschult - je nach seinem augenblickli-
chen Bewußtseinszustand und seiner Aufnahmefähigkeit. Andere haben
den großen Weisen nie in der Physis kennengelernt und erfahren dennoch
Tag für Tag seine Schulung und seine Gegenwart im geistigen Bereich.

BABAJI - Pforte zum Licht,   Ein Erlebnisbericht

von Gertraud Reichel, 2. Auflage 1989, 173 S., 9 Fotos,
11,5 x 18,5 cm, ISBN 3-926388-12-9   DM 16,80

1970 fand ein junger Mann auf wunderbare Weise in einer Höhle bei
Haidakhan einen Sadhu "von vollkommener Schönheit", der wochenlang
unbewegt in perfekter Yoga Haltung saß. Schließlich gab er sich als In-
karnation des legendären BABAJI zu erkennen, eines Heiligen aus dem 19.
Jahrhundert, der seine Rückkehr angekündigt hatte.
Dieses Buch ist ein bunter Querschnitt durch den Alltag in Haidakhan,
den Reflexionen der Besucher und das Wirken Babajis im Ashram und auf
Reisen. Es erzählt die ganz persönlichen Erfahrungen und Erlebnisse der
Autorin, die Babaji mehrmals in den Jahren 1979 bis 1984 besuchte und auf
einigen Reisen durch Indien begleitete. Ein Buch, das das Herz anspricht.

Erkenntnisse aus Atlantis, Wandlung durch neue Energiemuster

v. Dr. Frank Alper, 392 S., 15x21cm, ISBN 3-926388-19-6   DM 36,00

Dieses Buch besteht aus einer Reihe spiritueller gechannelter Vorträge. Es
beschäftigt sich zum größten Teil mit Kristallen, wie sie zur Zeit von Atlan-
tis zum Heilen benutzt wurden. Es werden zahlreiche Legemuster für viele
Krankheiten beschrieben. Diese können eine wertvolle Ergänzung zu al-
ternativen Heilmethoden sein. Ferner sind die spirituellen, sozialen, mora-
lischen und sexuellen Gewohnheiten der alten Atlanter beschrieben.

Dr. Frank Alper ist im Südwesten der USA ein bekannter und angesehener
Lehrer für Metaphysik und spirituelles Wachstum. Die gechannelten Texte
werden regelmäßig herausgegeben und veröffentlicht. In den letzten Jahren
ist der Autor auch in Deutschland durch seine Seminare bekannt geworden.

Das Universelle Gesetz im Wassermann-Zeitalter

v. Dr. Frank Alper, 132 S., 15x21cm, ISBN 3-926388-21-8   DM 24,80

Dieses Buch enthält gechanneltes Wissen, das im Wassermann-Zeitalter
immer größere Bedeutung erlangt: - Spirituelle Vereinigung - Persönliche
Moral - Verantwortung dem Ego gegenüber - Die zehn Gebote, dem
Wasserman-Zeitalter angepaßt. Es regt dazu an, die eigene Wahrheit zu
finden und in Übereinstimmung mit ihr zu handeln.